NE 능률

기본 연산
Check-Book

6세 4호

한 자리 수의 뺄셈과 세 수의 계산

❶ $4 - 1 = \square$

❷ $6 - 5 = \square$

❸ $9 - 8 = \square$

❹ $7 - 6 = \square$

❺ $8 - 6 = \square$

❻ $3 - 2 = \square$

❼ $8 - 2 = \square$

❽ $7 - 2 = \square$

❾ $5 - 2 = \square$

❿ $3 - 1 = \square$

⓫ $9 - 4 = \square$

⓬ $8 - 3 = \square$

⓭ $9 - 3 = \square$

⓮ $7 - 3 = \square$

⓯ $4 - 2 = \square$

⓰ $7 - 1 = \square$

⓱ $8 - 4 = \square$

⓲ $9 - 2 = \square$

⓳
$$\begin{array}{r} 5 \\ -\ 2 \\ \hline \square \end{array}$$

⓴
$$\begin{array}{r} 8 \\ -\ 4 \\ \hline \square \end{array}$$

㉑
$$\begin{array}{r} 7 \\ -\ 3 \\ \hline \square \end{array}$$

㉒
$$\begin{array}{r} 3 \\ -\ 2 \\ \hline \square \end{array}$$

㉓
$$\begin{array}{r} 9 \\ -\ 7 \\ \hline \square \end{array}$$

㉔
$$\begin{array}{r} 7 \\ -\ 6 \\ \hline \square \end{array}$$

㉕
$$\begin{array}{r} 4 \\ -\ 3 \\ \hline \square \end{array}$$

㉖
$$\begin{array}{r} 6 \\ -\ 4 \\ \hline \square \end{array}$$

월 일

㉗ $6-1=\square$ ㉘ $8-7=\square$ ㉙ $4-3=\square$

㉚ $9-7=\square$ ㉛ $5-4=\square$ ㉜ $8-1=\square$

㉝ $7-4=\square$ ㉞ $9-5=\square$ ㉟ $5-1=\square$

㊱ $2-1=\square$ ㊲ $6-3=\square$ ㊳ $7-5=\square$

㊴ $9-1=\square$ ㊵ $8-5=\square$ ㊶ $7-3=\square$

㊷ $6-4=\square$ ㊸ $6-1=\square$ ㊹ $9-6=\square$

㊺ $\begin{array}{r} 5 \\ -\ 4 \\ \hline \square \end{array}$ ㊻ $\begin{array}{r} 4 \\ -\ 1 \\ \hline \square \end{array}$ ㊼ $\begin{array}{r} 6 \\ -\ 3 \\ \hline \square \end{array}$ ㊽ $\begin{array}{r} 3 \\ -\ 1 \\ \hline \square \end{array}$

㊾ $\begin{array}{r} 8 \\ -\ 7 \\ \hline \square \end{array}$ ㊿ $\begin{array}{r} 7 \\ -\ 5 \\ \hline \square \end{array}$ (51) $\begin{array}{r} 9 \\ -\ 5 \\ \hline \square \end{array}$ (52) $\begin{array}{r} 8 \\ -\ 2 \\ \hline \square \end{array}$

자르는 선

두 수의 차

①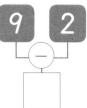

②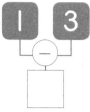

③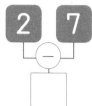

④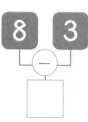

⑤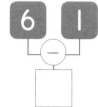

⑥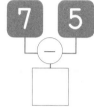

⑦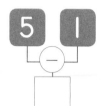

⑧

⑨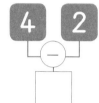

⑩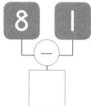

⑪

⑫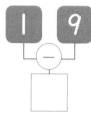

⑬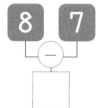

⑭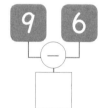

⑮

⑯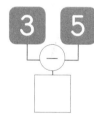

⑰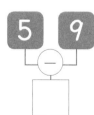

⑱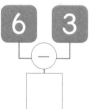

⑲

⑳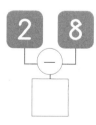

㉑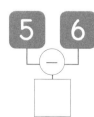

㉒

㉓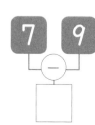

㉔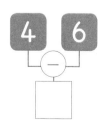

㉕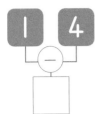

㉖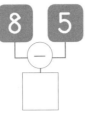

㉗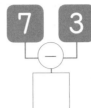

㉘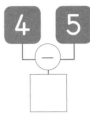

㉙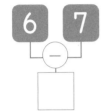

㉚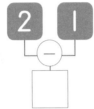

㉛

㉜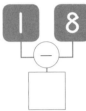

㉝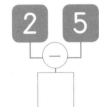

㉞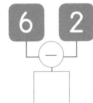

㉟

㊱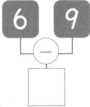

㊲

㊳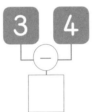

㊴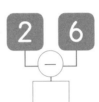

㊵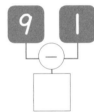

㊶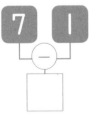

㊷

㊸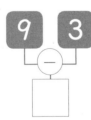

㊹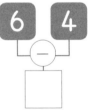

㊺

㊻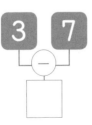

㊼

㊽

자르는 선

① $4 - \square = 1$
② $7 - \square = 2$
③ $5 - \square = 1$

④ $9 - \square = 4$
⑤ $6 - \square = 1$
⑥ $8 - \square = 2$

⑦ $7 - \square = 4$
⑧ $5 - \square = 2$
⑨ $2 - \square = 1$

⑩ $4 - \square = 3$
⑪ $9 - \square = 1$
⑫ $6 - \square = 2$

⑬ $8 - \square = 6$
⑭ $3 - \square = 1$
⑮ $7 - \square = 5$

⑯ $5 - \square = 4$
⑰ $6 - \square = 5$
⑱ $4 - \square = 2$

⑲
$$\begin{array}{r} 3 \\ -\ \square \\ \hline 2 \end{array}$$

⑳
$$\begin{array}{r} 9 \\ -\ \square \\ \hline 6 \end{array}$$

㉑
$$\begin{array}{r} 5 \\ -\ \square \\ \hline 3 \end{array}$$

㉒
$$\begin{array}{r} 6 \\ -\ \square \\ \hline 3 \end{array}$$

㉓
$$\begin{array}{r} 6 \\ -\ \square \\ \hline 4 \end{array}$$

㉔
$$\begin{array}{r} 7 \\ -\ \square \\ \hline 6 \end{array}$$

㉕
$$\begin{array}{r} 8 \\ -\ \square \\ \hline 5 \end{array}$$

㉖
$$\begin{array}{r} 9 \\ -\ \square \\ \hline 2 \end{array}$$

㉗ □ − 4 = 1   ㉘ □ − 3 = 4   ㉙ □ − 1 = 3

㉚ □ − 2 = 4   ㉛ □ − 2 = 3   ㉜ □ − 2 = 5

㉝ □ − 6 = 3   ㉞ □ − 2 = 1   ㉟ □ − 1 = 8

㊱ □ − 2 = 6   ㊲ □ − 7 = 2   ㊳ □ − 3 = 3

㊴ □ − 1 = 2   ㊵ □ − 4 = 3   ㊶ □ − 1 = 2

㊷ □ − 2 = 4   ㊸ □ − 3 = 1   ㊹ □ − 2 = 3

㊺
$$\begin{array}{r} \square \\ -\ 3 \\ \hline 5 \end{array}$$

㊻
$$\begin{array}{r} \square \\ -\ 3 \\ \hline 2 \end{array}$$

㊼
$$\begin{array}{r} \square \\ -\ 5 \\ \hline 2 \end{array}$$

㊽
$$\begin{array}{r} \square \\ -\ 1 \\ \hline 5 \end{array}$$

㊾
$$\begin{array}{r} \square \\ -\ 1 \\ \hline 2 \end{array}$$

㊿
$$\begin{array}{r} \square \\ -\ 5 \\ \hline 4 \end{array}$$

51
$$\begin{array}{r} \square \\ -\ 4 \\ \hline 4 \end{array}$$

52
$$\begin{array}{r} \square \\ -\ 4 \\ \hline 1 \end{array}$$

자르는 선

❶
−	1	2
3		
4		

❷
−	1	2
5		
6		

❸
−	1	2
7		
8		

❹
−	4	3
9		
8		

❺
−	3	4
7		
6		

❻
−	3	4
5		
9		

❼
−	6	5
7		
8		

❽
−	5	6
9		
7		

❾
−	6	7
8		
9		

❿
−	2	5
6		
8		

⓫
−	3	4
7		
5		

⓬
−	4	7
9		
8		

⑬

−	4	1
9		
8		

⑭

−	2	3
7		
6		

⑮

−	5	6
7		
9		

⑯

−	2	6
8		
7		

⑰

−	7	6
9		
8		

⑱

−	5	4
7		
8		

⑲

−	3	4
6		
9		

⑳

−	4	3
6		
5		

㉑

−	2	7
9		
8		

㉒

−	5	2
7		
6		

㉓

−	5	1
6		
8		

㉔

−	3	5
7		
9		

자르는 선

❶ $7+1+1=\boxed{}$

❷ $1+1+1=\boxed{}$

❸ $3+1+3=\boxed{}$

❹ $6+1+1=\boxed{}$

❺ $4+1+1=\boxed{}$

❻ $1+2+3=\boxed{}$

❼ $5+1+2=\boxed{}$

❽ $2+5+2=\boxed{}$

❾ $2+2+2=\boxed{}$

❿ $1+2+1=\boxed{}$

⓫ $3+1+4=\boxed{}$

⓬ $4+1+2=\boxed{}$

⓭ $6+1+2=\boxed{}$

⓮ $1+4+4=\boxed{}$

⓯ $2+1+2=\boxed{}$

⓰ $5+3+1=\boxed{}$

⓱ $2+2+4=\boxed{}$

⓲ $3+4+2=\boxed{}$

⓳ $1+3+1=\boxed{}$

⓴ $1+1+5=\boxed{}$

자르는 선

㉑ 3+2+2=☐　　㉒ 2+2+1=☐

㉓ 2+1+4=☐　　㉔ 4+1+3=☐

㉕ 3+3+3=☐　　㉖ 1+1+2=☐

㉗ 1+1+4=☐　　㉘ 3+2+3=☐

㉙ 4+4+1=☐　　㉚ 3+3+1=☐

㉛ 2+4+3=☐　　㉜ 4+2+2=☐

㉝ 3+2+1=☐　　㉞ 1+6+1=☐

㉟ 1+1+7=☐　　㊱ 2+1+6=☐

㊲ 3+5+1=☐　　㊳ 3+1+1=☐

㊴ 2+1+5=☐　　㊵ 5+1+1=☐

자르는 선

❶ $1+1+\boxed{}=3$

❷ $1+2+\boxed{}=4$

❸ $3+3+\boxed{}=9$

❹ $5+1+\boxed{}=8$

❺ $1+5+\boxed{}=7$

❻ $6+1+\boxed{}=8$

❼ $1+3+\boxed{}=9$

❽ $2+1+\boxed{}=5$

❾ $1+\boxed{}+2=9$

❿ $4+\boxed{}+2=7$

⓫ $1+\boxed{}+3=6$

⓬ $3+\boxed{}+2=7$

⓭ $2+\boxed{}+4=8$

⓮ $3+\boxed{}+3=7$

⓯ $\boxed{}+2+3=8$

⓰ $\boxed{}+1+1=9$

⓱ $\boxed{}+4+4=9$

⓲ $\boxed{}+2+2=6$

⓳ $\boxed{}+4+2=9$

⓴ $\boxed{}+1+1=6$

㉑ $7+1+\boxed{}=9$

㉒ $2+2+\boxed{}=9$

㉓ $2+2+\boxed{}=6$

㉔ $6+2+\boxed{}=9$

㉕ $4+1+\boxed{}=6$

㉖ $6+1+\boxed{}=8$

㉗ $1+3+\boxed{}=5$

㉘ $1+2+\boxed{}=6$

㉙ $5+\boxed{}+2=9$

㉚ $2+\boxed{}+1=4$

㉛ $3+\boxed{}+4=8$

㉜ $5+\boxed{}+1=8$

㉝ $3+\boxed{}+2=9$

㉞ $1+\boxed{}+4=9$

㉟ $\boxed{}+3+3=8$

㊱ $\boxed{}+2+1=5$

㊲ $\boxed{}+1+1=5$

㊳ $\boxed{}+1+1=3$

㊴ $\boxed{}+1+5=7$

㊵ $\boxed{}+4+2=8$

자르는 선

세 수의 뺄셈

❶ $3-1-1=\boxed{}$

❷ $5-1-2=\boxed{}$

❸ $8-4-3=\boxed{}$

❹ $6-1-1=\boxed{}$

❺ $7-1-1=\boxed{}$

❻ $8-6-1=\boxed{}$

❼ $8-1-2=\boxed{}$

❽ $7-5-1=\boxed{}$

❾ $9-1-2=\boxed{}$

❿ $7-1-2=\boxed{}$

⓫ $4-1-2=\boxed{}$

⓬ $9-2-2=\boxed{}$

⓭ $9-2-6=\boxed{}$

⓮ $5-2-2=\boxed{}$

⓯ $8-2-4=\boxed{}$

⓰ $9-3-2=\boxed{}$

⓱ $9-7-2=\boxed{}$

⓲ $8-2-1=\boxed{}$

⓳ $9-6-1=\boxed{}$

⓴ $5-1-3=\boxed{}$

㉑ 5−1−2= ☐

㉒ 4−1−1= ☐

㉓ 8−3−2= ☐

㉔ 9−1−4= ☐

㉕ 6−1−3= ☐

㉖ 7−3−2= ☐

㉗ 4−2−1= ☐

㉘ 8−4−1= ☐

㉙ 7−4−2= ☐

㉚ 5−3−1= ☐

㉛ 6−4−1= ☐

㉜ 7−2−2= ☐

㉝ 9−4−3= ☐

㉞ 8−5−2= ☐

㉟ 7−2−4= ☐

㊱ 9−1−6= ☐

㊲ 9−4−1= ☐

㊳ 6−2−1= ☐

㊴ 6−3−2= ☐

㊵ 9−5−2= ☐

자르는 선

❶ $5+4-2=\boxed{}$

❷ $2+6-3=\boxed{}$

❸ $2+5-4=\boxed{}$

❹ $3+4-5=\boxed{}$

❺ $3+2-3=\boxed{}$

❻ $2-1+2=\boxed{}$

❼ $3+3-1=\boxed{}$

❽ $5+3-4=\boxed{}$

❾ $7+2-5=\boxed{}$

❿ $4+1-1=\boxed{}$

⓫ $5+1-2=\boxed{}$

⓬ $6+1-3=\boxed{}$

⓭ $4+4-6=\boxed{}$

⓮ $2+7-5=\boxed{}$

⓯ $2+2-1=\boxed{}$

⓰ $6+3-8=\boxed{}$

⓱ $1+4-2=\boxed{}$

⓲ $1+8-7=\boxed{}$

⓳ $7+1-6=\boxed{}$

⓴ $3+5-4=\boxed{}$

월 일

㉑ $7-6+5=\boxed{}$

㉒ $8-5+4=\boxed{}$

㉓ $6-4+2=\boxed{}$

㉔ $9-5+1=\boxed{}$

㉕ $8-6+4=\boxed{}$

㉖ $7-1+2=\boxed{}$

㉗ $9-3+1=\boxed{}$

㉘ $7-5+7=\boxed{}$

㉙ $6-2+3=\boxed{}$

㉚ $8-3+3=\boxed{}$

㉛ $8-4+2=\boxed{}$

㉜ $6-3+5=\boxed{}$

㉝ $7-4+6=\boxed{}$

㉞ $9-4+2=\boxed{}$

㉟ $4-1+5=\boxed{}$

㊱ $5-4+6=\boxed{}$

㊲ $5-3+7=\boxed{}$

㊳ $8-7+8=\boxed{}$

㊴ $9-6+3=\boxed{}$

㊵ $7-3+4=\boxed{}$

자르는 선

정 답

1주 한 자리 수의 뺄셈 1~2쪽

❶3	❷1	❸1	❹1	❺2	❻1	❼6	❽5	❾3	❿2	⓫5	⓬5
⓭6	⓮4	⓯2	⓰6	⓱4	⓲7	⓳3	⓴4	㉑4	㉒1	㉓2	㉔1
㉕1	㉖2	㉗5	㉘1	㉙1	㉚2	㉛1	㉜7	㉝3	㉞4	㉟4	㊱1
㊲3	㊳2	㊴8	㊵3	㊶4	㊷2	㊸5	㊹3	㊺1	㊻3	㊼3	㊽2
㊾1	㊿2	51 4	52 6								

2주 두 수의 차 3~4쪽

❶7	❷2	❸5	❹5	❺5	❻2	❼4	❽2	❾2	❿7	⓫5	⓬8
⓭1	⓮3	⓯1	⓰2	⓱4	⓲3	⓳1	⓴6	㉑1	㉒6	㉓2	㉔2
㉕3	㉖3	㉗4	㉘1	㉙1	㉚1	㉛2	㉜7	㉝3	㉞4	㉟2	㊱3
㊲3	㊳1	㊴4	㊵8	㊶6	㊷4	㊸6	㊹2	㊺1	㊻4	㊼2	㊽2

3주 □가 있는 뺄셈 5~6쪽

❶3	❷5	❸4	❹5	❺5	❻6	❼3	❽3	❾1	❿1	⓫8	⓬4
⓭2	⓮2	⓯2	⓰1	⓱1	⓲2	⓳1	⓴3	㉑2	㉒3	㉓2	㉔1
㉕3	㉖7	㉗5	㉘7	㉙4	㉚6	㉛5	㉜7	㉝9	㉞3	㉟9	㊱8
㊲9	㊳6	㊴3	㊵7	㊶3	㊷6	㊸4	㊹5	㊺8	㊻5	㊼7	㊽6
㊾3	㊿9	51 8	52 5								

4주 문제 해결 뺄셈 7~8쪽

❶ 2,1,3,2	❷ 4,3,5,4	❸ 6,5,7,6	❹ 5,6,4,5	❺ 4,3,3,2	❻ 2,1,6,5
❼ 1,2,2,3	❽ 4,3,2,1	❾ 2,1,3,2	❿ 4,1,6,3	⓫ 4,3,2,1	⓬ 5,2,4,1
⓭ 5,8,4,7	⓮ 5,4,4,3	⓯ 2,1,4,3	⓰ 6,2,5,1	⓱ 2,3,1,2	⓲ 2,3,3,4
⓳ 3,2,6,5	⓴ 2,3,1,2	㉑ 7,2,6,1	㉒ 2,5,1,4	㉓ 1,5,3,7	㉔ 4,2,6,4

5주 세 수의 덧셈 (1) 9~10쪽

❶9	❷3	❸7	❹8	❺6	❻6	❼8	❽9	❾6	❿4	⓫8	⓬7
⓭9	⓮9	⓯5	⓰9	⓱8	⓲9	⓳5	⓴7	㉑7	㉒5	㉓7	㉔8
㉕9	㉖4	㉗6	㉘8	㉙9	㉚7	㉛9	㉜8	㉝6	㉞8	㉟9	㊱9
㊲9	㊳5	㊴8	㊵7								

6주 세 수의 덧셈 (2) 11~12쪽

❶1	❷1	❸3	❹2	❺1	❻1	❼5	❽2	❾6	❿1	⓫2	⓬2
⓭2	⓮1	⓯3	⓰7	⓱1	⓲2	⓳3	⓴4	㉑1	㉒5	㉓2	㉔1
㉕1	㉖1	㉗2	㉘3	㉙2	㉚1	㉛1	㉜2	㉝4	㉞4	㉟2	㊱2
㊲3	㊳1	㊴1	㊵2								

7주 세 수의 뺄셈 13~14쪽

❶1	❷2	❸1	❹4	❺5	❻1	❼5	❽1	❾6	❿4	⓫1	⓬5
⓭1	⓮1	⓯2	⓰4	⓱0	⓲5	⓳2	⓴1	㉑2	㉒2	㉓3	㉔4
㉕2	㉖2	㉗1	㉘3	㉙1	㉚1	㉛1	㉜3	㉝2	㉞1	㉟1	㊱2
㊲4	㊳3	㊴1	㊵2								

8주 세 수의 덧셈과 뺄셈 15~16쪽

❶7	❷5	❸3	❹2	❺2	❻3	❼5	❽4	❾4	❿4	⓫4	⓬4
⓭2	⓮4	⓯3	⓰1	⓱3	⓲2	⓳2	⓴4	㉑6	㉒7	㉓4	㉔5
㉕6	㉖8	㉗7	㉘9	㉙7	㉚8	㉛8	㉜8	㉝9	㉞7	㉟8	㊱7
㊲9	㊳9	㊴6	㊵8								

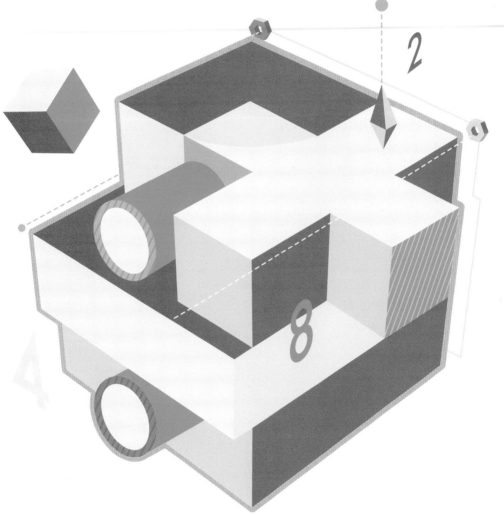

사고셈

6세 4호

이 책의 구성과 특징

생각의 힘을 키우는 사고(思考)셈은 1주 4개, 8주 32개의 사고력 유형 학습을 통해 수와 연산에 대한 개념의 응용력(추론 및 문제해결능력)을 키울 수 있도록 하였습니다.

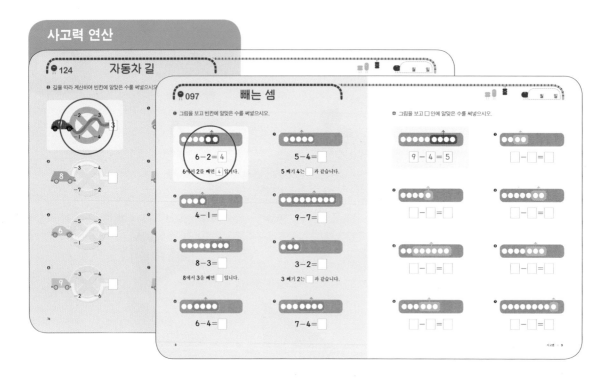

✦ 대표 사고력 유형으로 연산 원리를 쉽게쉽게
✦ 1~4일차: 다양한 유형의 주 진도 학습

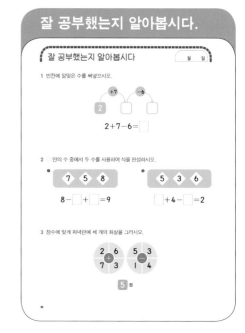

✦ 5일차 점검 학습: 주 진도 학습 확인

기본연산 Check-Book

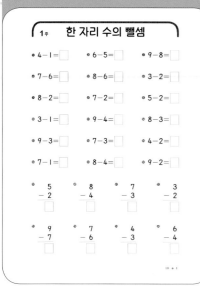

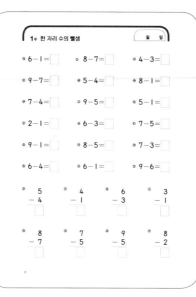

⊕ 본 학습 전 기본연산 실력 진단

Guide Book(정답 및 해설)

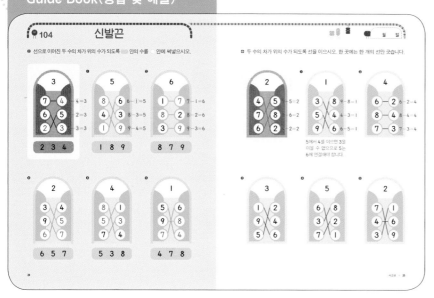

⊕ 문제와 답을 한 눈에!

⊕ 상세한 풀이와 친절한 해설, 답

학습 효과 및 활용법

.... ▲ 학습 효과

수학적 사고력 향상

생각의 다양성 향상

스스로 생각을 만드는 직관 학습

추론능력, 문제해결력 향상

연산의 원리 이해

수·연산 영역 완벽 대비

다양한 유형으로 수 조작력 향상

진도 학습 및 점검 학습으로
연산 학습 완성

사고셈

.... ▲ 주차별 활용법

1단계
기본연산
Check-Book으로
준비 학습

→

2단계
사고력 유형으로
진도 학습

→

3단계
마무리 문제로
점검 학습

1단계 : 기본연산 Check-Book으로 사고력 연산을 위한 준비 학습을 합니다.
2단계 : 사고력 유형으로 사고력 연산의 진도 학습을 합니다.
3단계 : 한 주마다 점검 학습(잘 공부했는지 알아봅시다)으로 사고력 향상을 확인합니다.

학습 구성

6세

1호	10까지의 수
2호	더하기 빼기 1과 2
3호	합이 9까지인 덧셈
4호	한 자리 수의 뺄셈과 세 수의 계산

7세

1호	한 자리 수의 덧셈과 뺄셈
2호	10 만들기
3호	50까지의 수
4호	더하기 빼기 1과 2, 10과 20

초등 1

1호	덧셈구구
2호	뺄셈구구와 덧셈, 뺄셈 혼합
3호	100까지의 수, 1000까지의 수
4호	받아올림, 받아내림 없는 두 자리 수의 계산

초등 2

1호	두 자리 수와 한 자리 수의 덧셈과 뺄셈
2호	두 자리 수의 덧셈과 뺄셈
3호	곱셈구구
4호	곱셈과 나눗셈 구구

초등 3

1호	세·네 자리 수의 덧셈과 뺄셈
2호	분수와 소수의 기초
3호	두 자리 수의 곱셈과 나눗셈
4호	분수

초등 4

1호	분수의 덧셈과 뺄셈
2호	혼합 계산
3호	소수의 덧셈과 뺄셈
4호	어림하기

이 책의 **학습 로드맵**

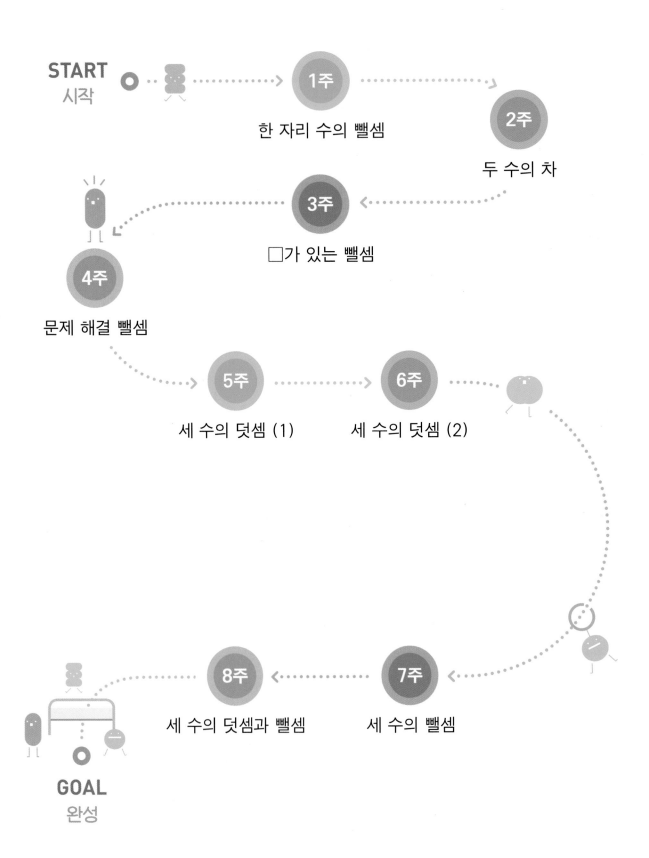

START
시작

1주

한 자리 수의 뺄셈

2주

두 수의 차

3주

□가 있는 뺄셈

4주

문제 해결 뺄셈

5주

세 수의 덧셈 (1)

6주

세 수의 덧셈 (2)

8주

세 수의 덧셈과 뺄셈

7주

세 수의 뺄셈

GOAL
완성

1 한 자리 수의 뺄셈

빼는 셈

○ 그림을 보고 빈칸에 알맞은 수를 써넣으시오.

$$6-2=\boxed{4}$$

6에서 2를 빼면 $\boxed{4}$ 입니다.

①

$$5-4=\boxed{}$$

5 빼기 4는 $\boxed{}$ 과 같습니다.

②

$$4-1=\boxed{}$$

③

$$9-7=\boxed{}$$

④

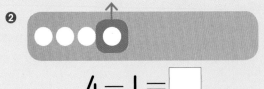

$$8-3=\boxed{}$$

8에서 3을 빼면 $\boxed{}$ 입니다.

⑤

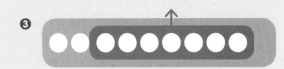

$$3-2=\boxed{}$$

3 빼기 2는 $\boxed{}$ 과 같습니다.

⑥

$$6-4=\boxed{}$$

⑦

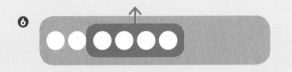

$$7-4=\boxed{}$$

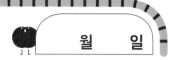
✦ 그림을 보고 ☐ 안에 알맞은 수를 써넣으시오.

$$\boxed{9} - \boxed{4} = \boxed{5}$$

❶

$$\boxed{} - \boxed{} = \boxed{}$$

❷
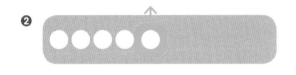

$$\boxed{} - \boxed{} = \boxed{}$$

❸
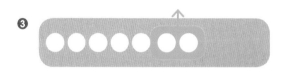

$$\boxed{} - \boxed{} = \boxed{}$$

❹
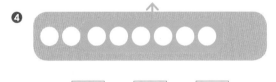

$$\boxed{} - \boxed{} = \boxed{}$$

❺
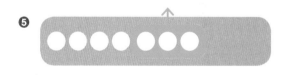

$$\boxed{} - \boxed{} = \boxed{}$$

❻
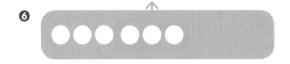

$$\boxed{} - \boxed{} = \boxed{}$$

❼

$$\boxed{} - \boxed{} = \boxed{}$$

비교셈

● 그림을 보고 빈칸에 알맞은 수를 써넣으시오.

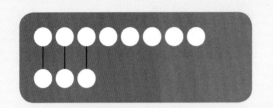

$$8-3=\boxed{5}$$

8과 3의 차는 $\boxed{5}$ 입니다.

❶
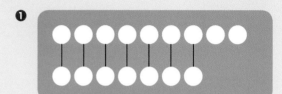

$$9-7=\boxed{}$$

9 빼기 7은 $\boxed{}$ 와 같습니다.

❷

$$4-2=\boxed{}$$

4와 2의 차는 $\boxed{}$ 입니다.

❸
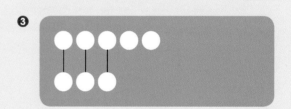

$$5-3=\boxed{}$$

5 빼기 3은 $\boxed{}$ 와 같습니다.

❹

$$2-1=\boxed{}$$

2와 1의 차는 $\boxed{}$ 입니다.

❺
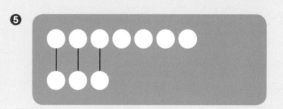

$$7-3=\boxed{}$$

7 빼기 3은 $\boxed{}$ 와 같습니다.

✛ 그림을 보고 알맞은 뺄셈식을 쓰시오.

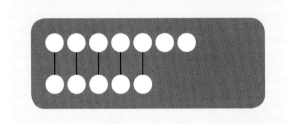

$$7-5=2$$

❶

❷
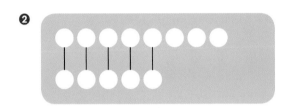

❸

❹
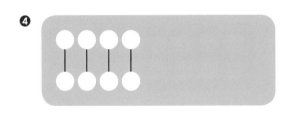

❺
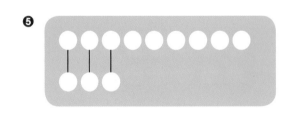

❻
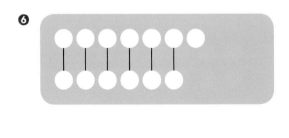

❼

가르고 빼기

◑ ⬤ 의 개수의 차를 구하려고 합니다. ☐ 안에 알맞은 수를 써넣으시오.

$$7 - 4 = 3$$

❶

☐ − ☐ = ☐

❷

☐ − ☐ = ☐

❸

☐ − ☐ = ☐

❹

☐ − ☐ = ☐

❺

☐ − ☐ = ☐

❻

☐ − ☐ = ☐

❼

☐ − ☐ = ☐

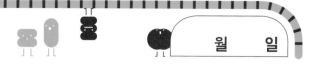

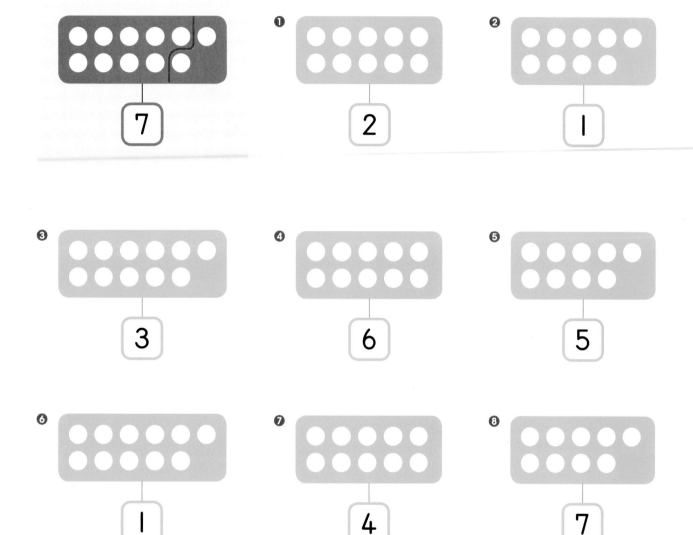

차에 맞게 두 부분으로 나누시오. 단, 왼쪽의 개수가 오른쪽보다 더 많습니다.

7

❶ 2

❷ 1

❸ 3

❹ 6

❺ 5

❻ 1

❼ 4

❽ 7

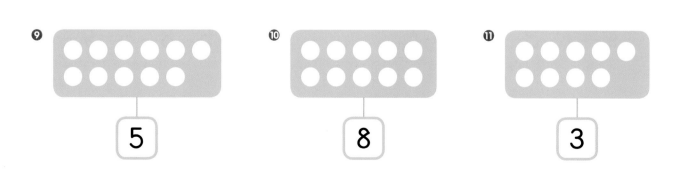

❾ 5

❿ 8

⓫ 3

다리 잇기

● 계산을 한 다음 알맞게 선으로 이으시오.

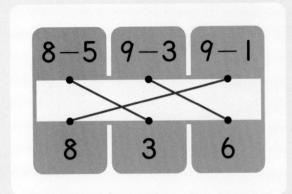

❶
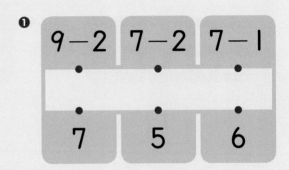

❷
5−2	6−4	8−3
5	2	3

❸
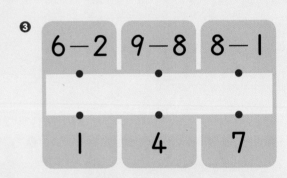

❹
9−1	3−2	8−4
1	4	8

❺
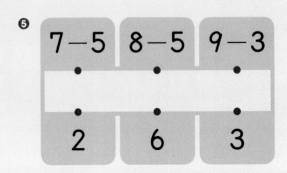

14

⊕ 계산 결과가 같은 것끼리 선으로 이으시오.

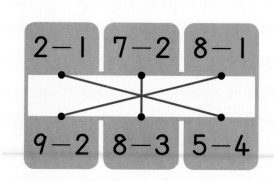

❶
| 6-3 | 3-1 | 9-5 |
| 6-2 | 8-5 | 7-5 |

❷
| 9-2 | 4-2 | 7-6 |
| 8-1 | 6-5 | 9-7 |

❸
| 9-5 | 7-4 | 6-1 |
| 4-1 | 5-1 | 8-3 |

❹
| 7-1 | 8-0 | 9-6 |
| 9-3 | 9-1 | 5-2 |

❺
| 7-2 | 6-4 | 3-2 |
| 5-3 | 9-8 | 6-1 |

1 그림을 보고 □ 안에 알맞은 수를 써넣으시오.

□ − □ = □

2 그림을 보고 알맞은 뺄셈식을 쓰시오.

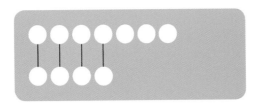

□ − □ = □

3 차에 맞게 두 부분으로 나누시오. 단, 왼쪽의 개수가 오른쪽보다 더 많습니다.

❶
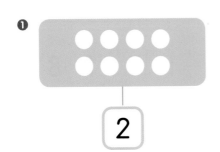

2

❷
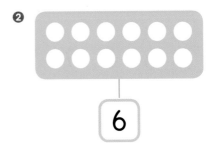

6

4 관계있는 것끼리 선으로 이으시오.

3−2 ·   · 6−4

5−3 ·   · 8−7

2 두 수의 차

토너먼트

● 짝지은 두 수의 차를 구하여 빈칸에 써넣으시오.

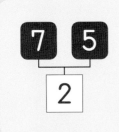

❶ 4 8 □

❷ 3 9 □

❸ 6 1 □

❹ 4 3 □

❺ 2 1 □

❻ 6 4 □

❼ 9 2 □

❽ 8 5 □

❾ 9 1 □

❿ 7 7 □

⓫ 5 1 □

⓬ 8 6 □

⓭ 7 2 □

⓮ 9 4 □

⓯ 6 7 □

➕ 짝지은 두 수의 차를 구하여 아래 빈칸에 써넣으시오.

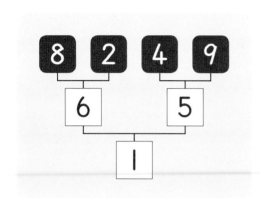

❶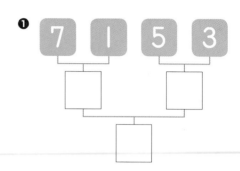

❷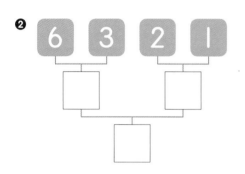

❸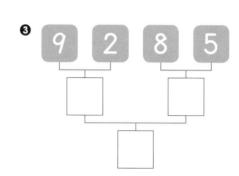

❹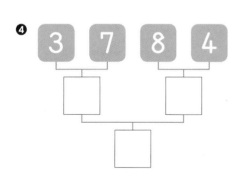

❺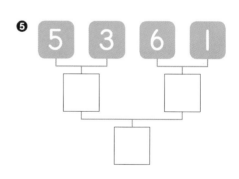

❻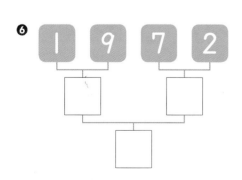

❼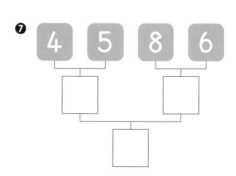

과녁

● ▦ + 판은 적힌 수만큼 점수를 얻고, ▦ − 판은 점수를 잃습니다. 몇 점입니까?

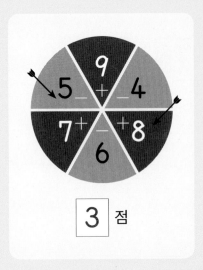

3 점

❶

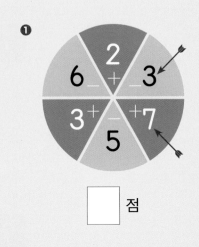

□ 점

❷

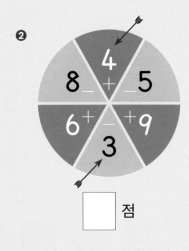

□ 점

❸

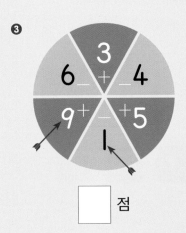

□ 점

❹

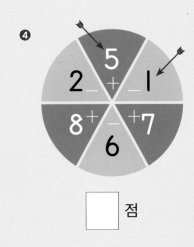

□ 점

❺

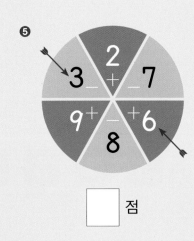

□ 점

❻

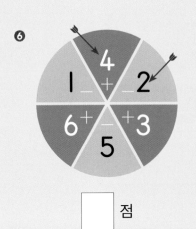

□ 점

❼

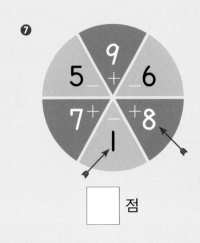

□ 점

❽

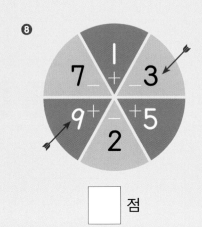

□ 점

➕ 점수에 맞게 두 개의 화살을 그리시오.

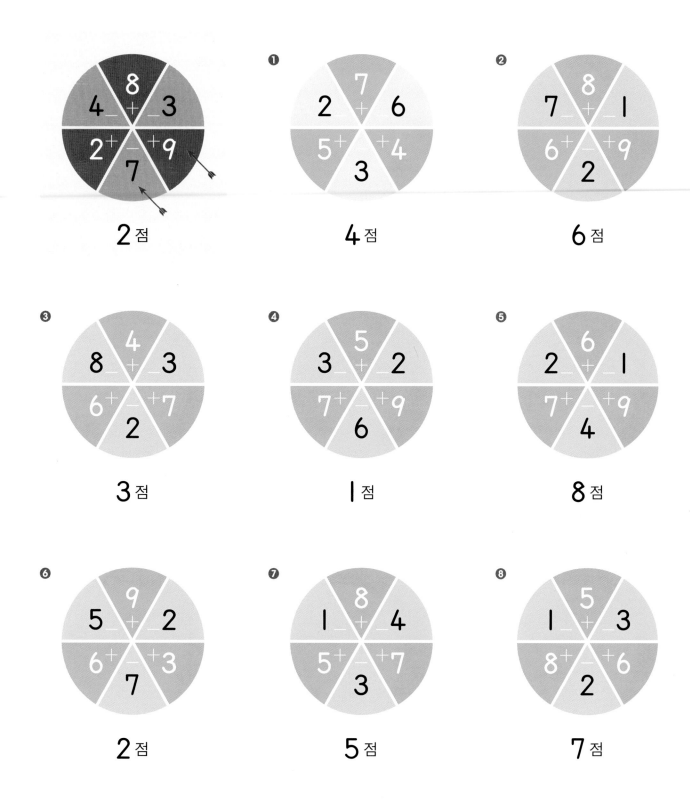

2점

❶ 4점

❷ 6점

❸ 3점

❹ 1점

❺ 8점

❻ 2점

❼ 5점

❽ 7점

원 안의 수

● 안의 수 중 가장 큰 수와 가장 작은 수의 차를 구하시오.

8
3   2

$\boxed{8} - \boxed{2} = \boxed{6}$

❶
7
1   4

$\boxed{} - \boxed{} = \boxed{}$

❷
4
5   9

$\boxed{} - \boxed{} = \boxed{}$

❸
1
3   9

$\boxed{} - \boxed{} = \boxed{}$

❹
2
7   6

$\boxed{} - \boxed{} = \boxed{}$

❺
8
5   7

$\boxed{} - \boxed{} = \boxed{}$

❻
5
4   3

$\boxed{} - \boxed{} = \boxed{}$

❼
9
8   7

$\boxed{} - \boxed{} = \boxed{}$

❽
6
1   5

$\boxed{} - \boxed{} = \boxed{}$

➕ 가장 큰 수와 가장 작은 수에 ○표 하고, 두 수의 차를 빈칸에 써넣으시오.

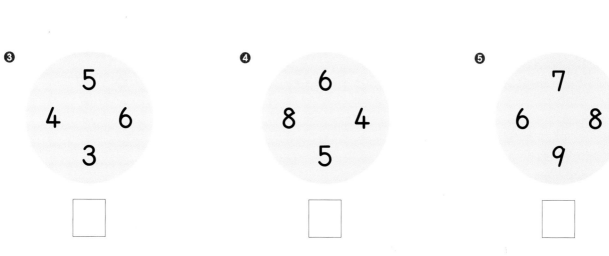

⑧
3   7
②

6

❶
9
1   4
5

❷
6
7   3
5

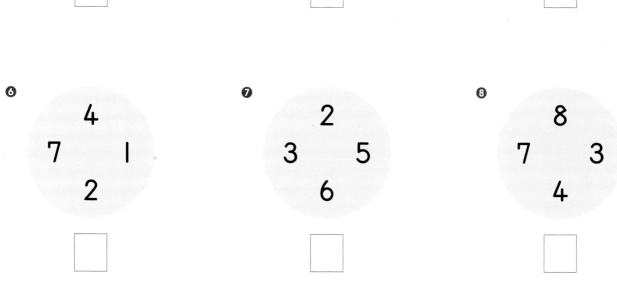

❸
5
4   6
3

❹
6
8   4
5

❺
7
6   8
9

❻
4
7   1
2

❼
2
3   5
6

❽
8
7   3
4

신발끈

◑ 선으로 이어진 두 수의 차가 위의 수가 되도록 ▭ 안의 수를 ◯ 안에 써넣으시오.

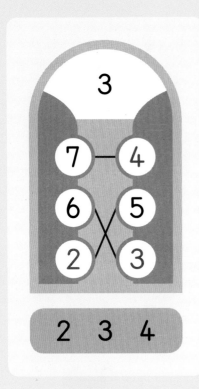

❶
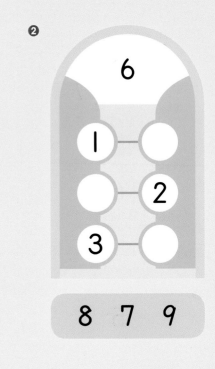

❷
(이미지 ❷)

❸
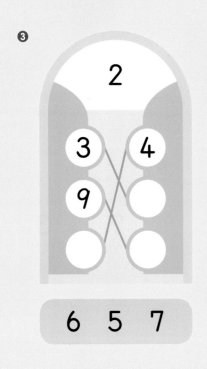

❹
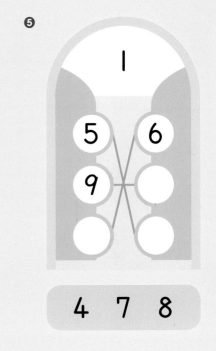

❺
(이미지 ❺)

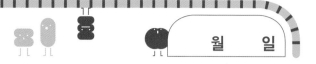

두 수의 차가 위의 수가 되도록 선을 이으시오. 한 곳에는 한 개의 선만 긋습니다.

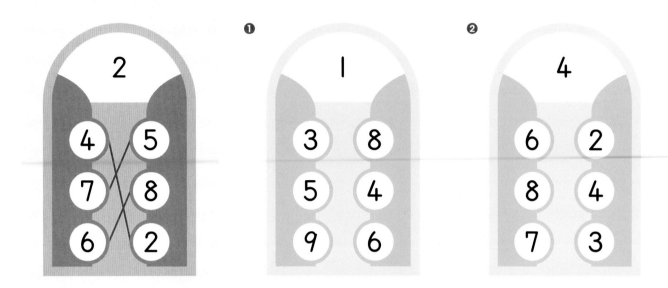

❸

3

1 2
9 4
5 6

❹

5

6 8
3 2
7 1

❺

2

7 1
4 6
3 9

1 짝지은 두 수의 차를 구하여 그 차를 아래 빈칸에 써넣으시오.

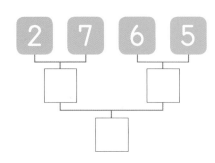

2 점수에 맞게 두 개의 화살이 꽂힌 자리에 ×표 하시오.

❶

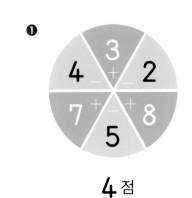

4 점

❷

6 점

3 두 수의 차가 ○ 안의 수가 되도록 선을 이으시오. 한 곳에는 한 개의 선만 긋습니다.

❶   ③

8 •   • 3
4 •   • 5
6 •   • 7

❷   ⑤

7 •   • 4
1 •   • 6
9 •   • 2

□가 있는 뺄셈

● □ 안에 들어갈 수만큼 /로 지우고, 수를 써넣으시오.

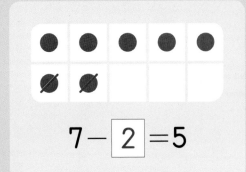

$$7 - \boxed{2} = 5$$

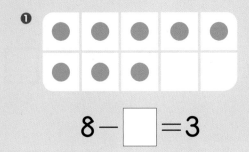

$$8 - \boxed{} = 3$$

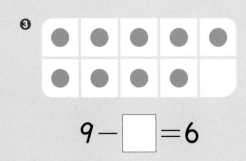

$$6 - \boxed{} = 2$$

$$9 - \boxed{} = 6$$

● □ 안에 들어갈 수만큼 ○를 그리고, 수를 써넣으시오.

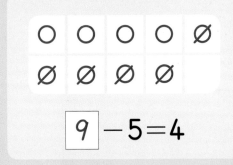

$$\boxed{9} - 5 = 4$$

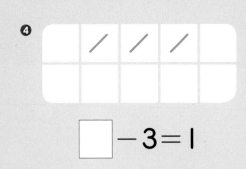

$$\boxed{} - 3 = 1$$

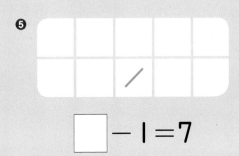

$$\boxed{} - 1 = 7$$

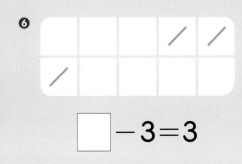

$$\boxed{} - 3 = 3$$

□ 안에 들어갈 수에 ○표 하고, 수를 써넣으시오.

$8 - \boxed{6} = 2$

5 ⑥ 7

❶ $7 - \boxed{} = 4$

3 2 1

❷ $5 - \boxed{} = 4$

3 2 1

❸ $\boxed{} - 2 = 2$

4 6 3

❹ $\boxed{} - 3 = 5$

6 8 4

❺ $\boxed{} - 2 = 7$

7 5 9

$\begin{array}{r} \boxed{6} \\ -\ 2 \\ \hline 4 \end{array}$

5
⑥
7

❻ $\begin{array}{r} \boxed{} \\ -\ 3 \\ \hline 2 \end{array}$

5
3
4

❼ $\begin{array}{r} \boxed{} \\ -\ 7 \\ \hline 1 \end{array}$

6
9
8

❽ $\begin{array}{r} 9 \\ -\ \boxed{} \\ \hline 2 \end{array}$

2
8
7

❾ $\begin{array}{r} 3 \\ -\ \boxed{} \\ \hline 0 \end{array}$

3
8
5

❿ $\begin{array}{r} 7 \\ -\ \boxed{} \\ \hline 5 \end{array}$

5
2
3

● 빈칸에 알맞은 수를 써넣으시오.

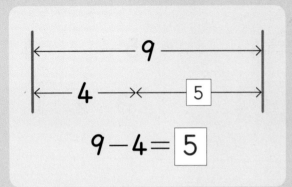

$$9-4=\boxed{5}$$

❶

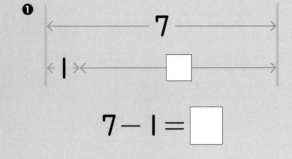

$$7-1=\boxed{}$$

❷

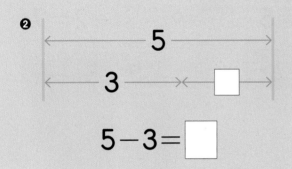

$$5-3=\boxed{}$$

❸

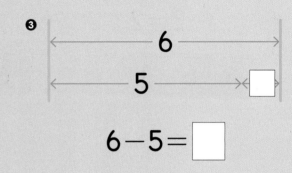

$$6-5=\boxed{}$$

❹

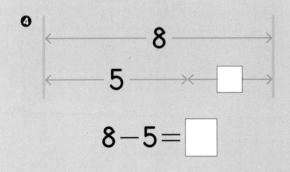

$$8-5=\boxed{}$$

❺

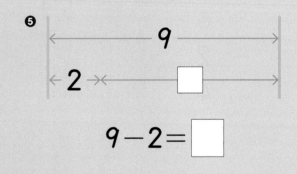

$$9-2=\boxed{}$$

❻

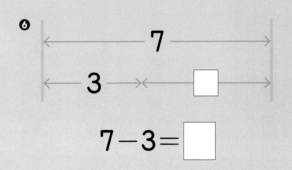

$$7-3=\boxed{}$$

❼

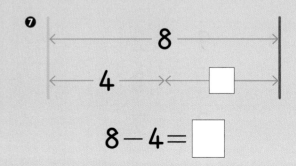

$$8-4=\boxed{}$$

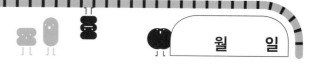

❋ 빈칸에 알맞은 수를 써넣으시오.

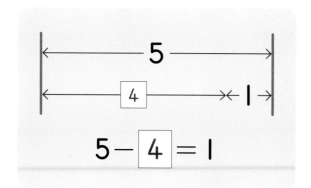

$$5 - \boxed{4} = 1$$

❶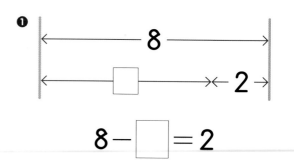

$$8 - \boxed{} = 2$$

❷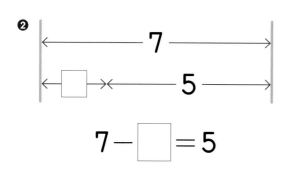

$$7 - \boxed{} = 5$$

❸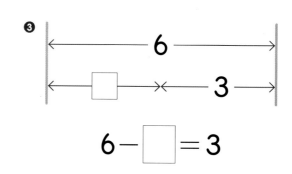

$$6 - \boxed{} = 3$$

❹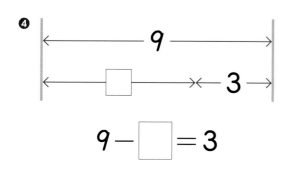

$$9 - \boxed{} = 3$$

❺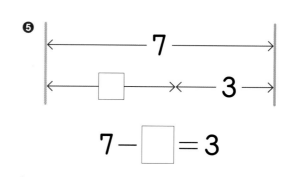

$$7 - \boxed{} = 3$$

❻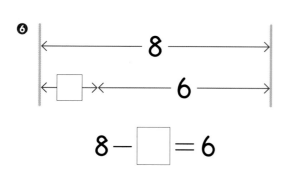

$$8 - \boxed{} = 6$$

❼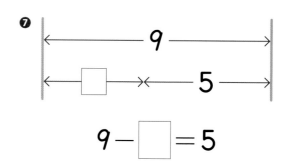

$$9 - \boxed{} = 5$$

두줄표

● 빈칸에 알맞은 수를 써넣으시오.

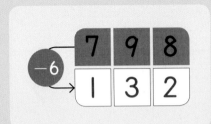

①

②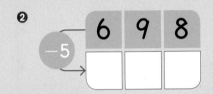

③

④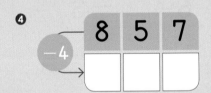

⑤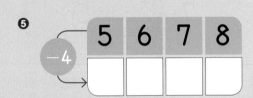

⑥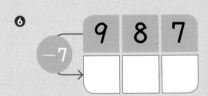

⑦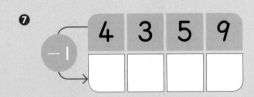

⑧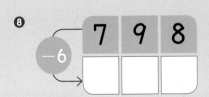

⑨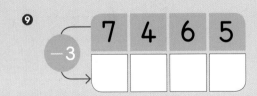

😀 빈칸에 알맞은 수를 써넣으시오.

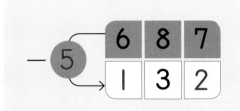

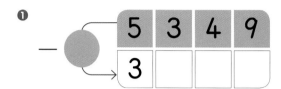

❶

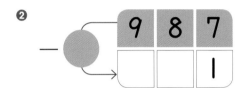

❷

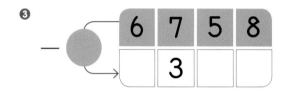

❸

❹

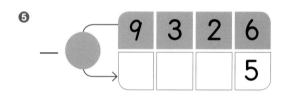

❺

❻

❼

❽

❾

뺄셈 수직선

● 빈칸에 알맞은 수를 써넣으시오.

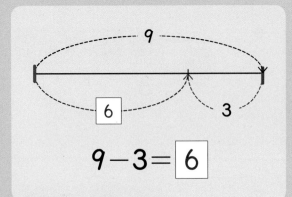

$$9-3=6$$

❶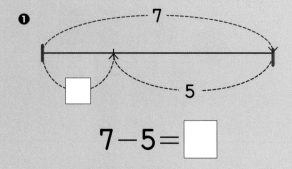

$$7-5=\boxed{}$$

❷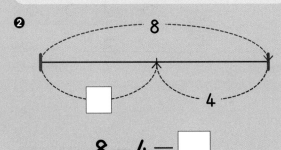

$$8-4=\boxed{}$$

❸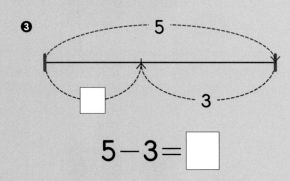

$$5-3=\boxed{}$$

❹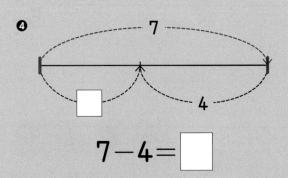

$$7-4=\boxed{}$$

❺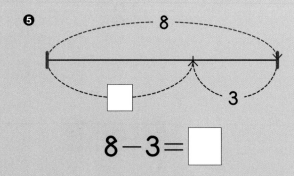

$$8-3=\boxed{}$$

❻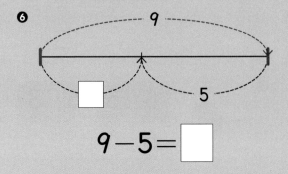

$$9-5=\boxed{}$$

❼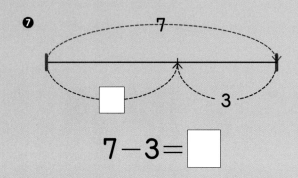

$$7-3=\boxed{}$$

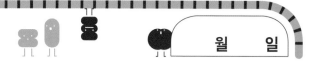

⊕ 빈칸에 알맞은 수를 써넣으시오.

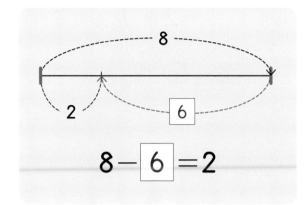

$$8 - \boxed{6} = 2$$

❶

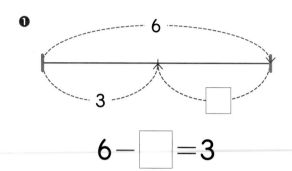

$$6 - \boxed{} = 3$$

❷

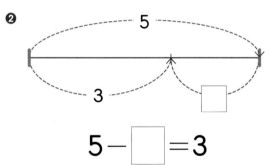

$$5 - \boxed{} = 3$$

❸

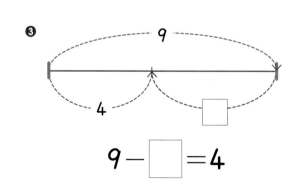

$$9 - \boxed{} = 4$$

❹

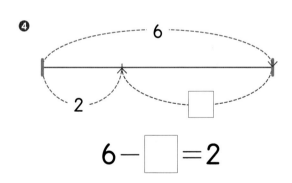

$$6 - \boxed{} = 2$$

❺

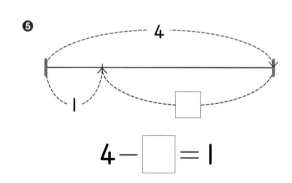

$$4 - \boxed{} = 1$$

❻

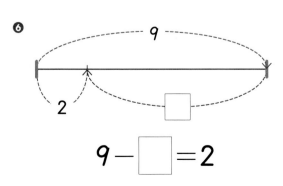

$$9 - \boxed{} = 2$$

❼

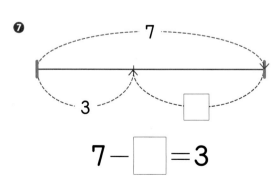

$$7 - \boxed{} = 3$$

잘 공부했는지 알아봅시다

1 □ 안에 들어갈 수에 ○표 하고, 수를 써넣으시오.

❶ 6 − □ = 3

4   3   2

❷ □ − 2 = 7

8   5   9

2 빈칸에 알맞은 수를 써넣으시오.

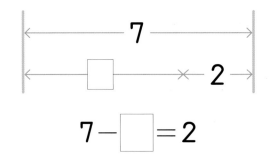

7 − □ = 2

3 빈칸에 알맞은 수를 써넣으시오.

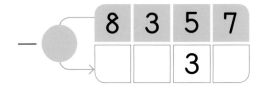

4 빈칸에 알맞은 수를 써넣으시오.

❶
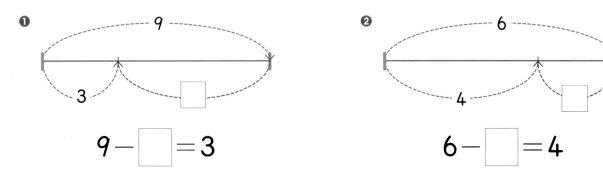

9 − □ = 3

❷

6 − □ = 4

36

4

문제 해결 뺄셈

페어식

● □ 안에 알맞은 수를 넣어 뺄셈식을 완성하시오.

2 5 7

$7 - 2 = 5$
$7 - 5 = 2$

❶ 6 9 3

$\square - \square = \square$
$\square - \square = \square$

❷ 1 7 8

$\square - \square = \square$
$\square - \square = \square$

❸ 4 6 2

$\square - \square = \square$
$\square - \square = \square$

❹ 5 4 1

$\square - \square = \square$
$\square - \square = \square$

❺ 3 4 7

$\square - \square = \square$
$\square - \square = \square$

❻ 9 2 7

$\square - \square = \square$
$\square - \square = \square$

❼ 8 5 3

$\square - \square = \square$
$\square - \square = \square$

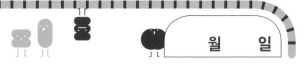

➕ 안의 수 중 세 개를 골라 뺄셈식 **2**개를 만드시오.

3 6 2 5

$$5 - 2 = 3$$
$$5 - 3 = 2$$

❶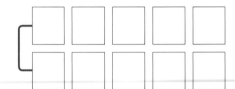
4 8 1 7

❷
1 3 6 5

❸
2 3 4 7

❹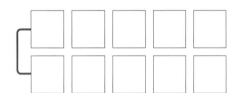
9 2 8 7

❺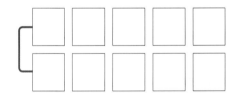
1 6 4 3

❻
3 8 5 7

❼
6 4 3 9

뺄셈표

● 가로, 세로로 빼서 빈칸에 알맞은 수를 써넣으시오.

−	1	3
9	8	6
7	6	4

❶

−	2	4
6		
5		

❷

−	6	5
7		
8		

❸

−	3	4
8		
4		

❹

−	1	7
8		
9		

❺

−	2	1
3		
7		

❻

−	2	1
8		
4		

❼

−	4	3
5		
7		

❽

−	4	5
9		
6		

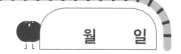
✚ 뺄셈표의 빈칸에 알맞은 수를 써넣으시오.

	3	2
8	5	6
6	3	4

❶

−		5
	3	2
5		

❷

−	3	
4		3
	6	

❸

−		2
3	0	
		3

❹

−		3
		3
9	8	

❺

−		
	3	
7	2	1

❻

−	4	7
		2
	4	

❼

−		5
		2
6	4	

❽

−		3
8	3	
		2

상자수

● 상자 안의 두 수를 뽑아 차를 구할 때, 차가 되는 수에 ○표 하시오.

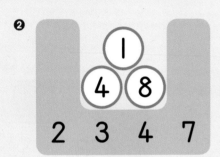

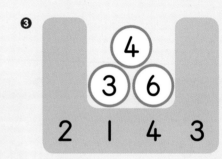

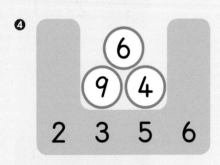

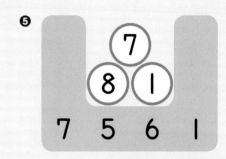

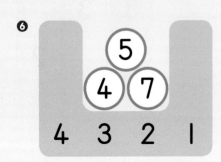

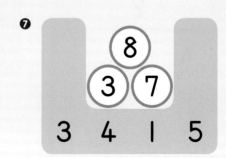

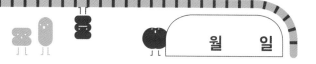

➕ 상자 안의 두 수를 뽑아 차를 구할 때, 차가 되는 수를 모두 쓰시오.

❶

❷

❸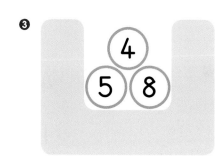

❹

❺

❻

❼

식 완성

● 세 수를 찾아 뺄셈식을 완성하시오.

3 (7 − 2 = 5) 4	❶ 4 6 8 6 2

❷ 5 4 1 2 6

❸ 7 6 3 3 1

❹	❺	❻	❼
5	4	2	8
9	1	9	5
6	3	5	7
2	7	4	6
4	5	3	1

❽ 3 8 9 7 2

❾ 2 1 7 4 3

❿ 8 5 3 1 6

⓫ 9 8 1 6 2

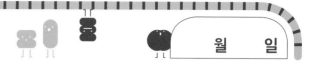
✛ 세 수를 찾아 뺄셈식 세 개를 완성하시오.

6	—	3	=	3	4
8		7		4	5
4		6		1	3
=				=	
4		2		3	7

❶

4	9	3	6
4	7	2	8
8	1	7	2
9	5	1	6

❷

5	1	2	9
7	4	3	4
6	8	9	5
3	1	2	8

❸

5	4	6	9
3	7	1	3
2	9	5	8
7	6	4	2

❹

8	3	5	4
9	1	8	2
2	6	4	1
8	3	6	1

❺

7	2	5	6
9	8	4	3
7	4	2	2
2	1	5	8

1 안의 수 중 세 개를 골라 올바른 뺄셈식 두 개를 만드시오.

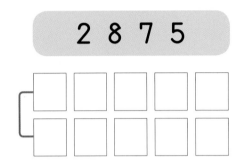

2 뺄셈표의 빈칸에 알맞은 수를 써넣으시오.

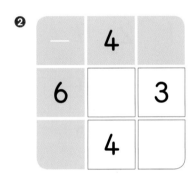

3 상자 안의 두 수를 뽑아 차를 구할 때, 차가 되는 수를 모두 쓰시오.

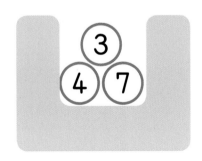

5 세 수의 덧셈 (1)

더하고 더하기

● 그림을 보고 □ 안에 알맞은 수를 써넣으시오.

$$3+2+3=\boxed{8}$$

❶

$$2+3+2=\square$$

❷

$$5+2+2=\square$$

❸

$$1+2+1=\square$$

❹

$$1+4+2=\square$$

❺

$$1+4+3=\square$$

❻

$$4+1+3=\square$$

❼

$$3+3+3=\square$$

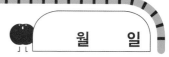
✚ 빈칸에 알맞은 수를 써넣으시오.

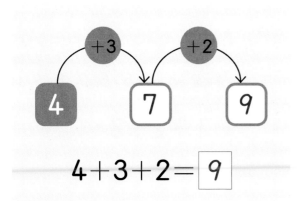

$$4+3+2=\boxed{9}$$

❶

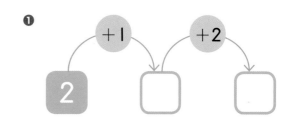

$$2+1+2=\boxed{}$$

❷

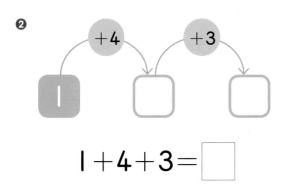

$$1+4+3=\boxed{}$$

❸

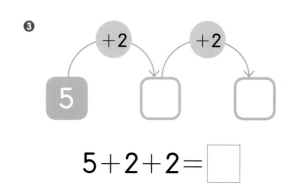

$$5+2+2=\boxed{}$$

❹

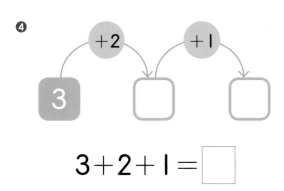

$$3+2+1=\boxed{}$$

❺

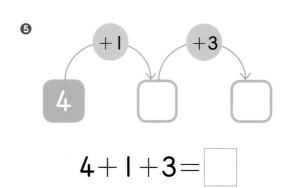

$$4+1+3=\boxed{}$$

세 수 수직선

● □ 안에 알맞은 수를 써넣으시오.

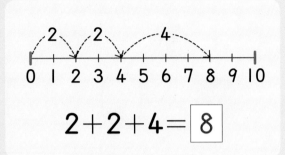

$$2+2+4=\boxed{8}$$

❶

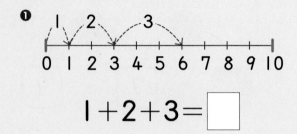

$$1+2+3=\boxed{}$$

❷

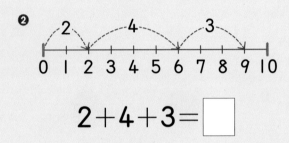

$$2+4+3=\boxed{}$$

❸

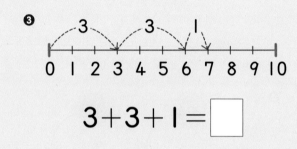

$$3+3+1=\boxed{}$$

❹

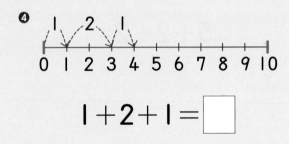

$$1+2+1=\boxed{}$$

❺

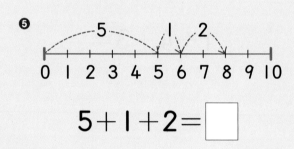

$$5+1+2=\boxed{}$$

❻

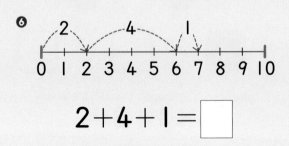

$$2+4+1=\boxed{}$$

❼

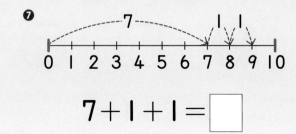

$$7+1+1=\boxed{}$$

➕ 수직선을 보고 빈칸에 알맞은 수를 써넣으시오.

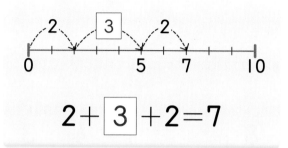

$$2 + \boxed{3} + 2 = 7$$

❶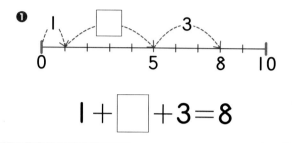

$$1 + \boxed{} + 3 = 8$$

❷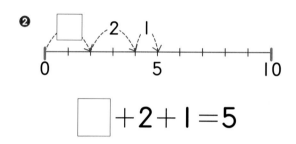

$$\boxed{} + 2 + 1 = 5$$

❸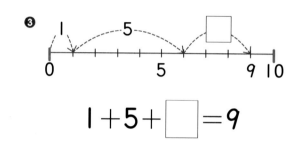

$$1 + 5 + \boxed{} = 9$$

❹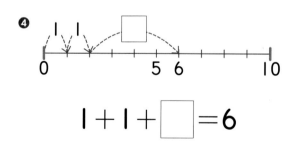

$$1 + 1 + \boxed{} = 6$$

❺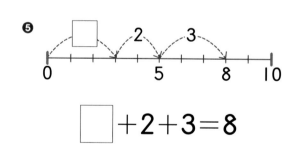

$$\boxed{} + 2 + 3 = 8$$

❻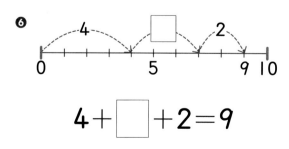

$$4 + \boxed{} + 2 = 9$$

❼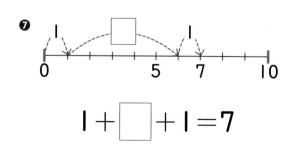

$$1 + \boxed{} + 1 = 7$$

방 통과

● 미로를 통과하면서 만난 세 수의 합을 빈칸에 써넣으시오.

3	1	2
4	5	6

9

❶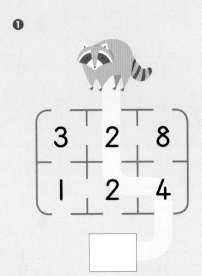

3	2	8
1	2	4

❷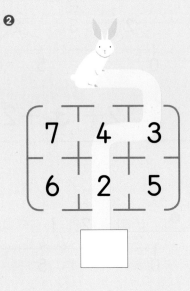

7	4	3
6	2	5

❸

5	6	3
1	1	4

❹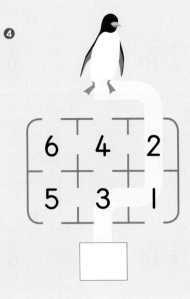

6	4	2
5	3	1

❺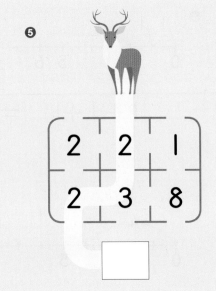

2	2	1
2	3	8

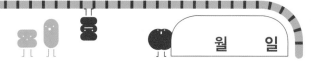

❖ 미로를 통과하면서 만난 세 수의 합이 ▦ 안의 수가 되도록 선을 그으시오.

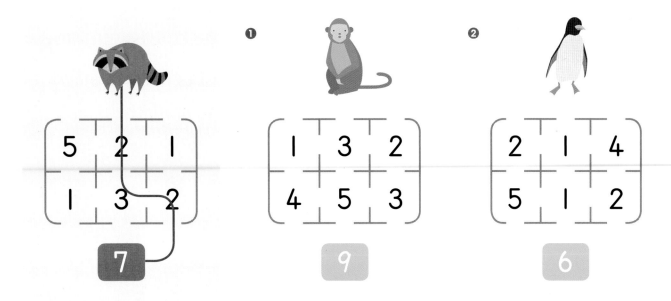

5	2	1
1	3	2

7

❶
1	3	2
4	5	3

9

❷
2	1	4
5	1	2

6

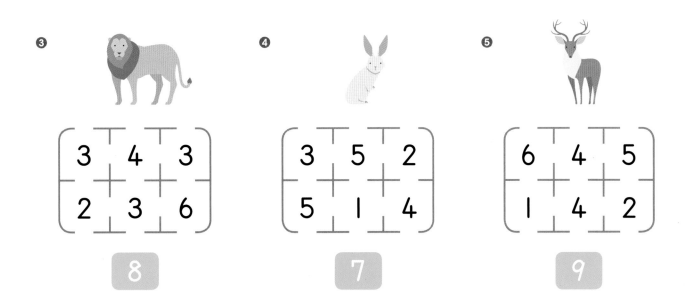

❸
3	4	3
2	3	6

8

❹
3	5	2
5	1	4

7

❺
6	4	5
1	4	2

9

사다리 타기

● 빈칸에 알맞은 수를 써넣으시오.

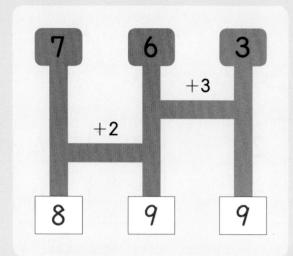

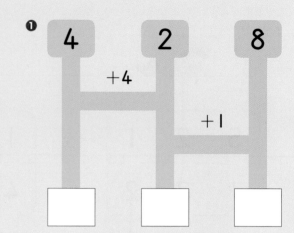

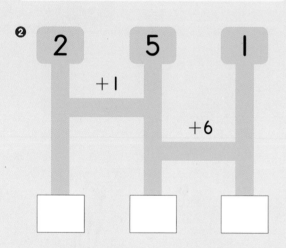

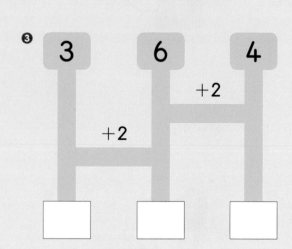

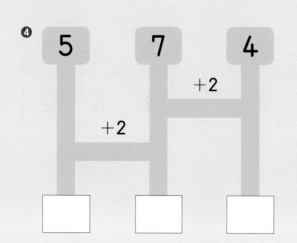

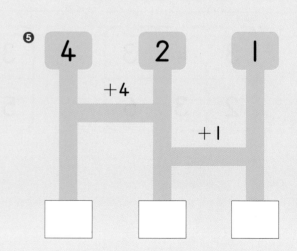

➕ 빈칸에 알맞은 수를 써넣으시오.

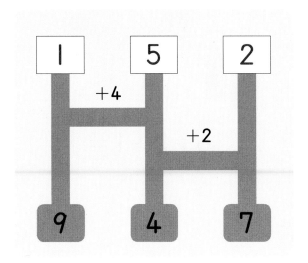

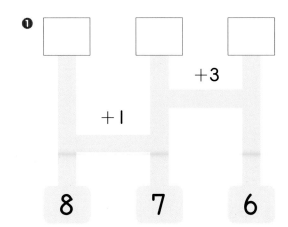

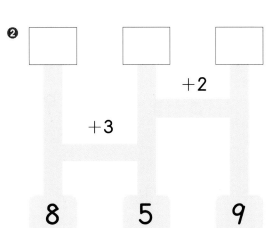

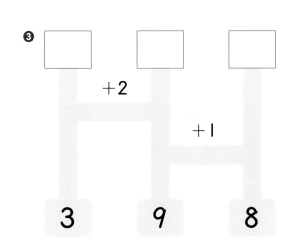

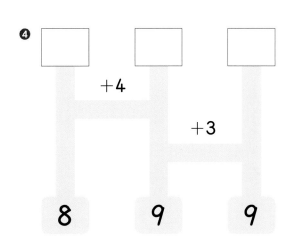

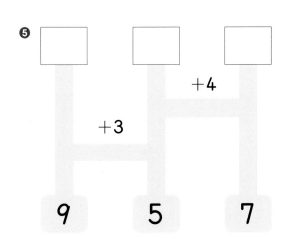

1 빈칸에 알맞은 수를 써넣으시오.

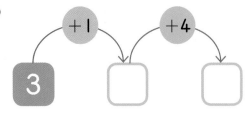

$3+1+4=\boxed{}$

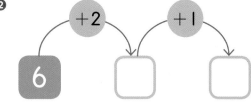

$6+2+1=\boxed{}$

2 수직선을 보고 빈칸에 알맞은 수를 써넣으시오.

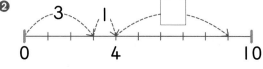

$2+\boxed{}+2=7$

$3+1+\boxed{}=9$

3 미로를 통과하면서 만난 세 수의 합이 ▨ 안의 수가 되도록 선을 그으시오.

5	4	1
6	2	3

6

6 세 수의 덧셈 (2)

애드벌룬

○ ◑ 안의 수가 합이 되는 세 수를 찾고 아닌 수에 ×표 하시오.

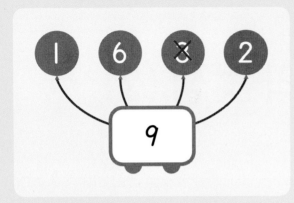

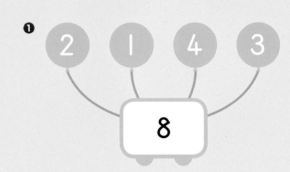

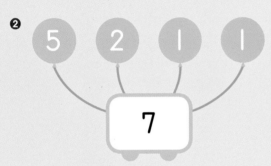

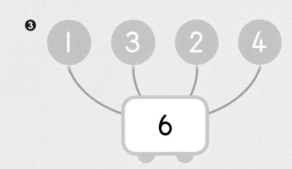

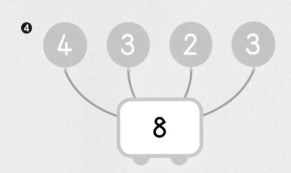

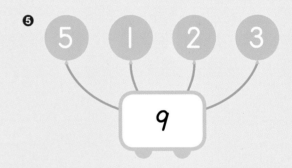

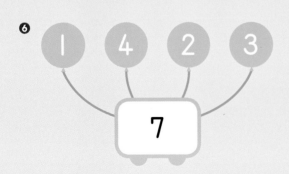

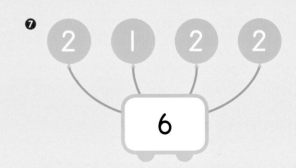

◈ ◯ 안의 수가 합이 되는 세 수를 찾고, 아닌 수 두 개에 ×표 하시오.

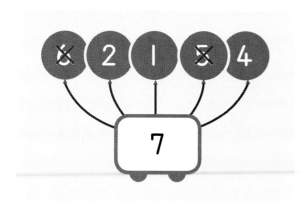

❶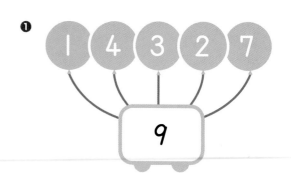

❷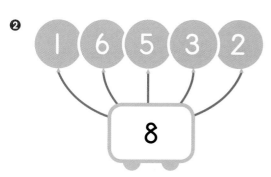

❸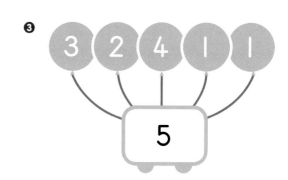

❹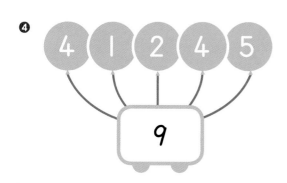

❺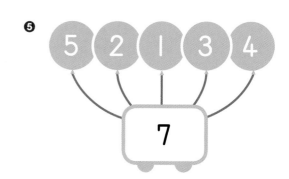

❻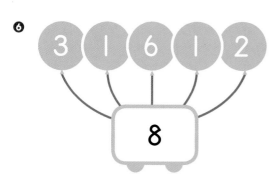

❼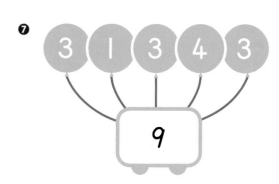

사고셈 ● 59

세 화살

● 화살이 꽂힌 세 수의 합이 가운데 수가 되도록 나머지 한 개의 화살을 그리시오.

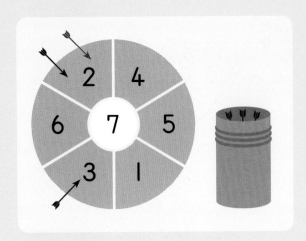

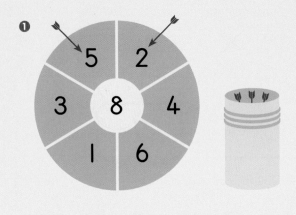

①

②

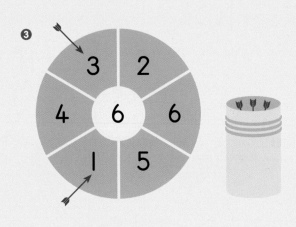

③

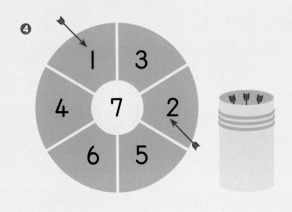

④

⑤

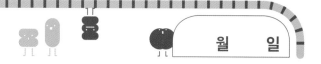
✦ 화살이 꽂힌 세 수의 합이 가운데 수가 되도록 나머지 두 개의 화살을 그리시오.

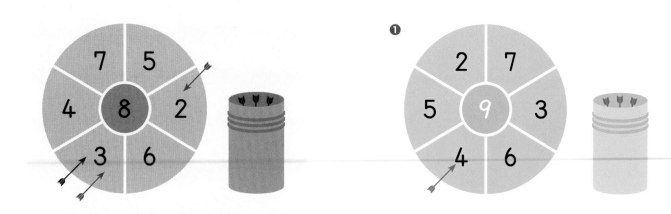

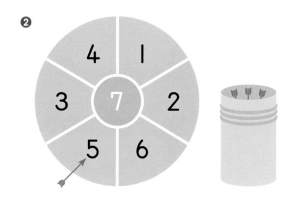

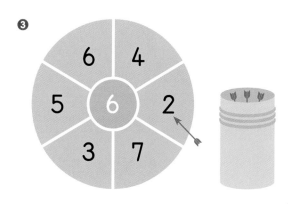

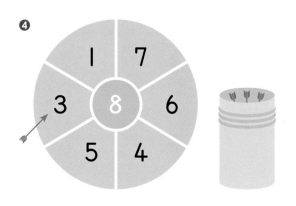

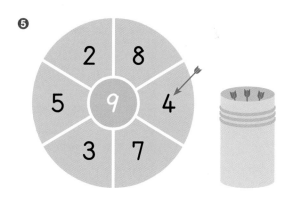

울타리

나누어진 세 수의 합이 같도록 빈칸에 알맞은 수를 써넣으시오.

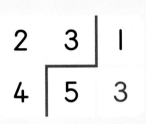

❶
5	1	2
1		1

❷
2	1	3
1	4	

❸
2	
5	1
1	1

❹
3	1
3	5
	3

❺
2	3
1	
2	2

❻
1	3	
3	4	2

❼
3	2	1
1	1	

❽
5	1	3
2		4

❾
2	4
	3
1	3

❿
4	3
1	1
2	

⓫

 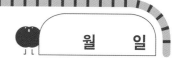

⊕ 세 수의 합이 같도록 두 부분으로 나누시오.

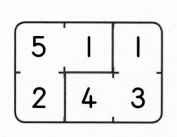

5	1	1
2	4	3

❶

3	1	5
1	3	1

❷

2	4	3
6	2	1

❸

2	3
3	1
1	6

❹

2	2
3	1
1	1

❺

3	4
2	1
1	1

❻

4	4	1
3	1	5

❼

1	3	2
4	2	4

❽

3	2	1
2	4	2

❾

2	2
2	4
1	5

❿

2	2
2	1
4	1

⓫

2	7
1	1
6	1

수 묶기

이웃한 세 수의 합이 ⬤ 안의 수가 되도록 ⬭로 묶으시오.

8 3 2 (6 1 1)

① 5 2 6 2 2 1

② 7 3 4 1 2 5

③ 6 2 3 1 5 4

④ 9 6 2 1 7 4

⑤ 8 1 3 2 3 6

⑥ 5 2 1 3 1 2

⑦ 7 3 1 3 2 1

⑧ 6 4 2 1 1 4

⑨ 4 2 3 2 1 1

⑩ 8 1 7 2 1 5

⑪ 9 5 2 2 3 6

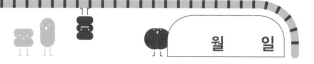

✤ 한 줄에 놓인 세 수의 합이 ⬤ 안의 수가 되도록 ⬭로 묶으시오.

6

(1	3	2)
3	5	1
1	3	5

❶ 7

1	4	1
5	2	2
1	2	3

❷ 9

2	1	1
2	5	3
4	2	3

❸ 6

2	3	2
3	3	2
2	4	2

❹ 8

1	3	3
2	4	2
2	3	4

❺ 5

3	2	3
2	1	4
4	2	3

❻ 9

2	1	2
2	6	3
1	3	5

❼ 7

3	2	2
4	1	1
2	2	5

❽ 8

3	5	1
5	4	1
2	1	6

1 ⬭ 안의 수가 합이 되는 세 수를 찾고, 아닌 수 두 개에 ×표 하시오.

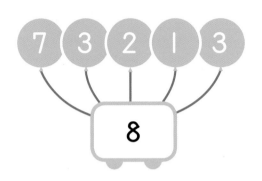

2 세 수의 합이 같도록 두 부분으로 나누시오.

❶

5	2	2
1	7	1

❷

3	5	1
1	3	1

3 한 줄에 놓인 세 수의 합이 🌑 안의 수가 되도록 ◯로 묶으시오.

❶ 8

2	4	7
6	5	3
3	1	4

❷ 5

3	2	1
1	4	3
4	2	1

7

세 수의 뺄셈

빼고 빼기

● 그림을 보고 □ 안에 알맞은 수를 써넣으시오.

$$8 - 3 - 2 = \boxed{3}$$

❶

$$5 - 3 - 1 = \square$$

❷

$$9 - 4 - 1 = \square$$

❸

$$8 - 2 - 2 = \square$$

❹

$$4 - 1 - 1 = \square$$

❺

$$6 - 3 - 2 = \square$$

❻

$$7 - 2 - 1 = \square$$

❼

$$9 - 3 - 4 = \square$$

● 빈칸에 알맞은 수를 써넣으시오.

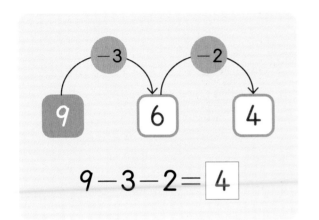

$9-3-2=$ ☐ 4

❶

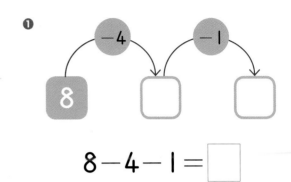

$8-4-1=$ ☐

❷

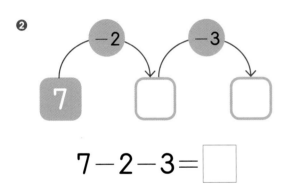

$7-2-3=$ ☐

❸

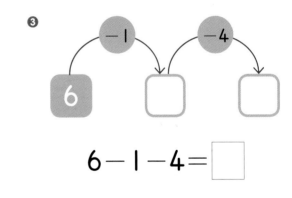

$6-1-4=$ ☐

❹

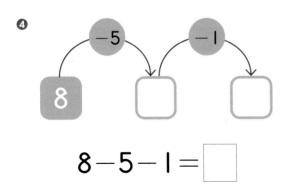

$8-5-1=$ ☐

❺

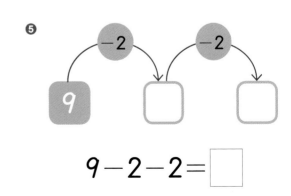

$9-2-2=$ ☐

계단셈

● 빈칸에 알맞은 수를 써넣으시오.

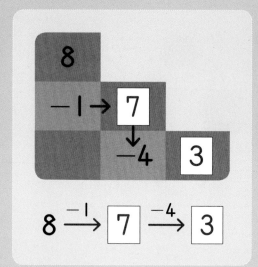

$$8 \xrightarrow{-1} 7 \xrightarrow{-4} 3$$

❶
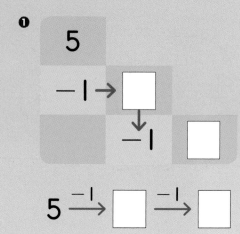

$$5 \xrightarrow{-1} \square \xrightarrow{-1} \square$$

❷
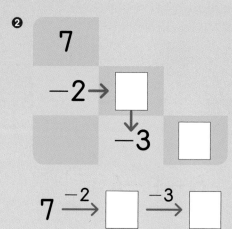

$$7 \xrightarrow{-2} \square \xrightarrow{-3} \square$$

❸
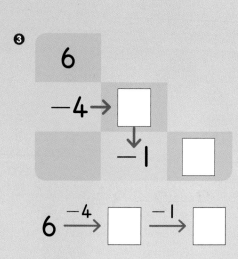

$$6 \xrightarrow{-4} \square \xrightarrow{-1} \square$$

❹
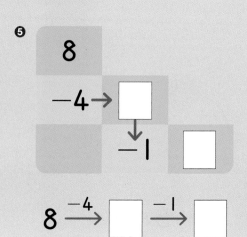

$$9 \xrightarrow{-2} \square \xrightarrow{-5} \square$$

❺

$$8 \xrightarrow{-4} \square \xrightarrow{-1} \square$$

⊕ 빈칸에 알맞은 수를 써넣으시오.

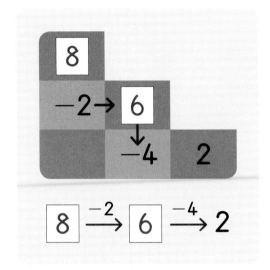

$$8 \xrightarrow{-2} 6 \xrightarrow{-4} 2$$

❶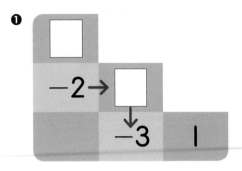

$$\boxed{} \xrightarrow{-2} \boxed{} \xrightarrow{-3} 1$$

❷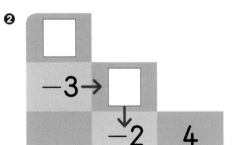

$$\boxed{} \xrightarrow{-3} \boxed{} \xrightarrow{-2} 4$$

❸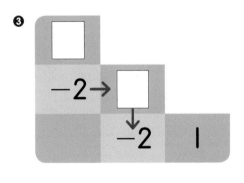

$$\boxed{} \xrightarrow{-2} \boxed{} \xrightarrow{-2} 1$$

❹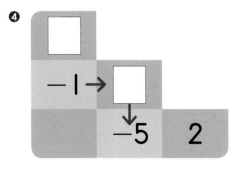

$$\boxed{} \xrightarrow{-1} \boxed{} \xrightarrow{-5} 2$$

❺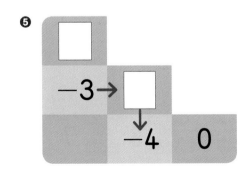

$$\boxed{} \xrightarrow{-3} \boxed{} \xrightarrow{-4} 0$$

식 완성

● ⭐ 안의 수 중에서 한 개의 수를 사용하여 식을 완성하시오.

3 **5** **2**

$$8 - \boxed{3} - 3 = 2$$

❶

8 **2** **7**

$$\boxed{} - 2 - 1 = 4$$

❷

7 **9** **6**

$$\boxed{} - 4 - 2 = 3$$

❸

1 **3** **2**

$$6 - \boxed{} - 3 = 2$$

❹

5 **3** **4**

$$7 - \boxed{} - 2 = 1$$

❺

1 **5** **6**

$$\boxed{} - 1 - 1 = 3$$

❻

9 **8** **7**

$$\boxed{} - 1 - 5 = 2$$

❼

3 **4** **2**

$$9 - \boxed{} - 2 = 4$$

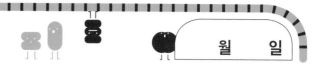

◆ ★ 안의 수 중에서 두 개의 수를 사용하여 식을 완성하시오.

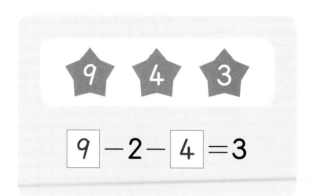

$9 - 2 - 4 = 3$

❶

$\boxed{} - 4 - \boxed{} = 1$

❷

$\boxed{} - \boxed{} - 2 = 1$

❸

$\boxed{} - \boxed{} - 3 = 4$

❹

$\boxed{} - 1 - \boxed{} = 3$

❺

$\boxed{} - 2 - \boxed{} = 2$

❻

$\boxed{} - \boxed{} - 4 = 1$

❼

$\boxed{} - \boxed{} - 3 = 2$

자동차 길

● 길을 따라 계산하여 빈칸에 알맞은 수를 써넣으시오.

❶

❷
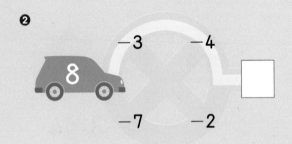

❸
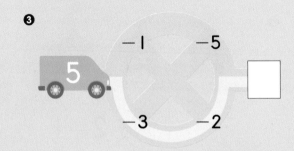

❹

❺

❻

❼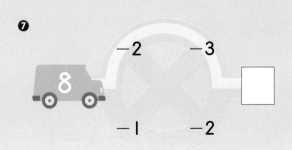

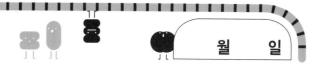

⊕ 계산 결과에 맞게 자동차 길을 그리시오.

❶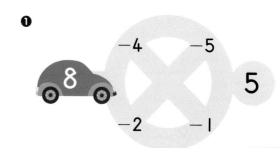

❷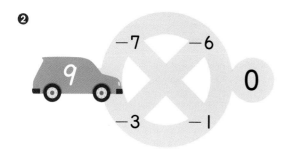

❸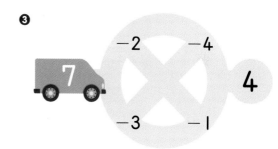

❹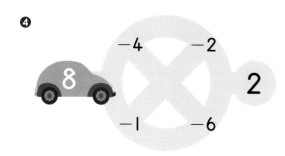

❺

❻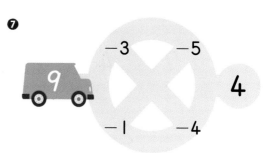

❼

1 빈칸에 알맞은 수를 써넣으시오.

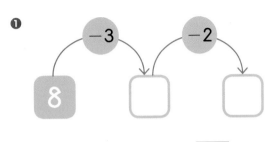

$$8-3-2=\boxed{}$$

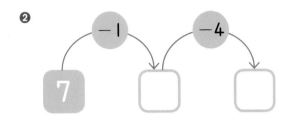

$$7-1-4=\boxed{}$$

2 빈칸에 알맞은 수를 써넣으시오.

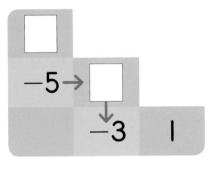

$$\boxed{} \xrightarrow{-5} \boxed{} \xrightarrow{-3} 1$$

3 ☆ 안의 수 중에서 두 수를 사용하여 식을 완성하시오.

❶
7 4 2

$$\boxed{}-3-\boxed{}=2$$

❷
3 4 8

$$\boxed{}-\boxed{}-1=3$$

8

세 수의
덧셈과 뺄셈

더하고 빼기

● 더한 수만큼 ○를 그리고, 빼는 수만큼 /로 지워 계산을 하시오.

$$3+4-2=\boxed{5}$$

❶

$$5+3-4=\square$$

❷

$$2+5-1=\square$$

❸

$$7+2-6=\square$$

$$3-2+4=\boxed{5}$$

❹

$$8-3+1=\square$$

❺

$$7-5+2=\square$$

❻

$$5-4+3=\square$$

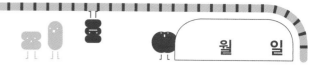
➕ 빈칸에 알맞은 수를 써넣으시오.

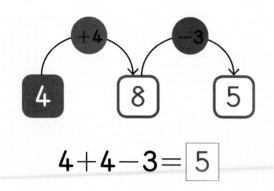

$4+4-3=\boxed{5}$

❶

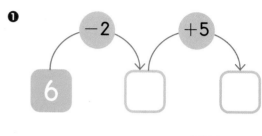

$6-2+5=\boxed{}$

❷

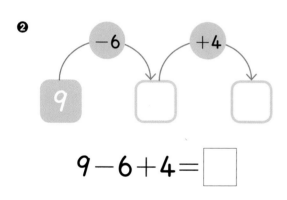

$9-6+4=\boxed{}$

❸

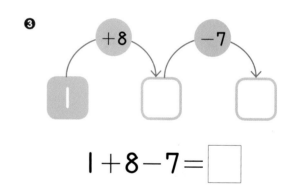

$1+8-7=\boxed{}$

❹

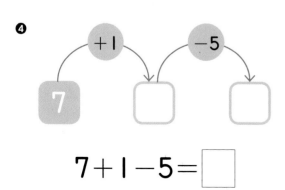

$7+1-5=\boxed{}$

❺

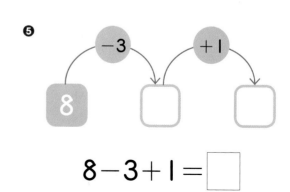

$8-3+1=\boxed{}$

126 혼합식 완성

● ◆ 안의 수 중 한 개의 수를 사용하여 식을 완성하시오.

$$5 + \boxed{3} - 2 = 6$$

❶

$$\boxed{1 \quad 5 \quad 6}$$

$$6 - \boxed{} + 3 = 4$$

❷

$$8 - \boxed{} + 5 = 6$$

❸

$$\boxed{5 \quad 6 \quad 4}$$

$$2 + \boxed{} - 1 = 5$$

❹

$$\boxed{3 \quad 2 \quad 1}$$

$$3 + \boxed{} - 2 = 3$$

❺

$$\boxed{6 \quad 2 \quad 3}$$

$$7 - \boxed{} + 4 = 8$$

❻

$$\boxed{5 \quad 6 \quad 4}$$

$$9 - \boxed{} + 3 = 7$$

❼

$$4 + \boxed{} - 2 = 3$$

 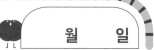
● ◇ 안의 수 중에서 두 수를 사용하여 식을 완성하시오.

$$8 - \boxed{4} + \boxed{1} = 5$$

❶

$$\boxed{} + 1 - \boxed{} = 6$$

❷

5 3 4

$$\boxed{} + 2 - \boxed{} = 3$$

❸

7 4 6

$$7 - \boxed{} + \boxed{} = 8$$

❹

2 5 7

$$9 - \boxed{} + \boxed{} = 6$$

❺

5 1 7

$$\boxed{} + 6 - \boxed{} = 2$$

❻

2 1 4

$$\boxed{} + 7 - \boxed{} = 5$$

❼

1 4 3

$$6 - \boxed{} + \boxed{} = 9$$

양과녁셈

◑ 왼쪽 과녁판의 점수는 더하고, 오른쪽 과녁판의 점수는 뺍니다. 몇 점입니까?

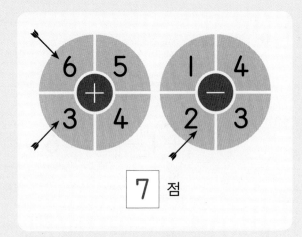

7 점

❶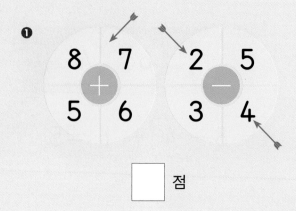

☐ 점

❷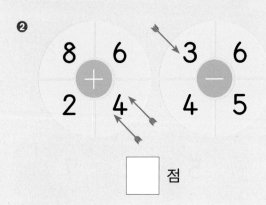

☐ 점

❸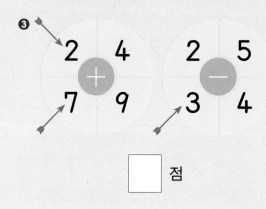

☐ 점

❹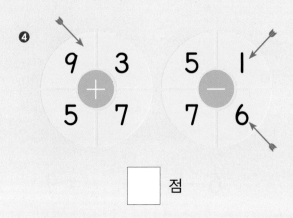

☐ 점

❺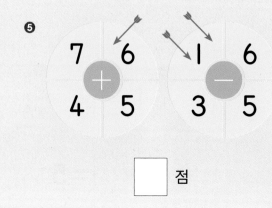

☐ 점

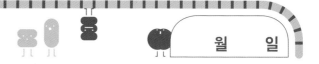
점수에 맞게 과녁판에 화살을 세 개 그리시오.

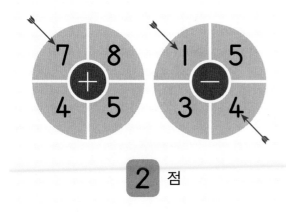

7 8
4 5
　　+

1 5
3 4
　　−

2 점

❶
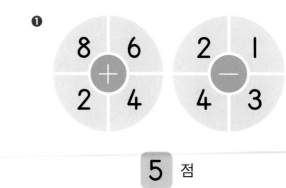

8 6
2 4
　　+

2 1
4 3
　　−

5 점

❷
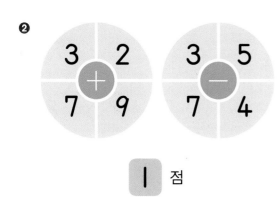

3 2
7 9
　　+

3 5
7 4
　　−

1 점

❸

6 5
3 4
　　+

1 4
2 3
　　−

8 점

❹
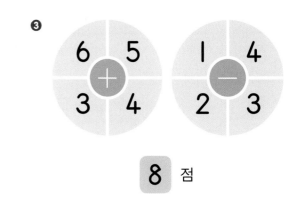

1 8
6 2
　　+

5 6
8 7
　　−

3 점

❺
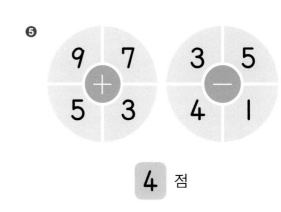

9 7
5 3
　　+

3 5
4 1
　　−

4 점

 128

연산자

● 계산에 맞게 + 또는 − 에 ○표 하시오.

$$7 \;\oplus\!\!/\!\ominus\; 2 \;+\!\!/\!\ominus\; 3 = 6$$

❶
$$3 \;+\!/\!-\; 4 \;+\!/\!-\; 1 = 8$$

❷
$$8 \;+\!/\!-\; 5 \;+\!/\!-\; 2 = 5$$

❸
$$6 \;+\!/\!-\; 1 \;+\!/\!-\; 6 = 1$$

❹
$$9 \;+\!/\!-\; 3 \;+\!/\!-\; 4 = 2$$

❺
$$5 \;+\!/\!-\; 2 \;+\!/\!-\; 5 = 8$$

❻
$$2 \;+\!/\!-\; 6 \;+\!/\!-\; 3 = 5$$

❼
$$7 \;+\!/\!-\; 1 \;+\!/\!-\; 3 = 3$$

❽
$$4 \;+\!/\!-\; 2 \;+\!/\!-\; 1 = 7$$

❾
$$9 \;+\!/\!-\; 7 \;+\!/\!-\; 4 = 6$$

84

◆ 계산에 맞게 ○ 안에 + 또는 − 를 써넣으시오.

$4 + 4 \bigcirc\!\!\!- 3 = 5$

❶ $5 \bigcirc 1 + 2 = 8$

❷ $6 + 3 \bigcirc 5 = 4$

❸ $2 \bigcirc 1 + 6 = 7$

❹ $7 - 2 \bigcirc 4 = 9$

❺ $3 \bigcirc 3 + 2 = 8$

$3 \bigoplus 5 \bigcirc\!\!\!- 2 = 6$

❻ $4 \bigcirc 2 \bigcirc 1 = 7$

❼ $8 \bigcirc 6 \bigcirc 3 = 5$

❽ $7 \bigcirc 1 \bigcirc 4 = 4$

❾ $9 \bigcirc 5 \bigcirc 1 = 3$

❿ $6 \bigcirc 4 \bigcirc 6 = 8$

1 빈칸에 알맞은 수를 써넣으시오.

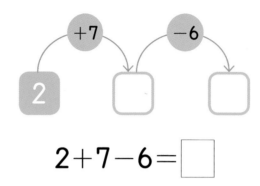

$$2+7-6=\boxed{}$$

2 ◇ 안의 수 중에서 두 수를 사용하여 식을 완성하시오.

❶

7   5   8

$$8-\boxed{}+\boxed{}=9$$

❷

5   3   6

$$\boxed{}+4-\boxed{}=2$$

3 점수에 맞게 과녁판에 세 개의 화살을 그리시오.

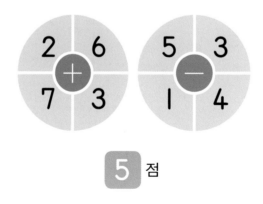

5 점

86

사고셈

정답 및 해설
Guide Book

6세 4호

한 자리 수의 뺄셈과 세 수의 계산

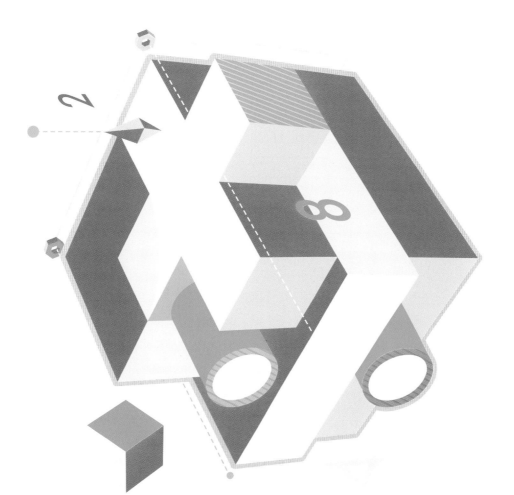

NE능률

엄마 품애 I

일
월
일

● 그림을 보고 □ 안에 알맞은 수를 써넣으시오.

 ① 4 − 2 = 2

③ 7 − 2 = 5

⑤ 7 − 3 = 4

⑦ 9 − 1 = 8

 ② 9 − 4 = 5

④ 5 − 1 = 4

 ⑥ 8 − 6 = 2

 ⑧ 6 − 3 = 3

빼는 셈 097

● 그림을 보고 빈칸에 알맞은 수를 써넣으시오.

6 − 2 = 4
6에서 2를 빼면 4 입니다.

① 5 − 4 = 1
5 빼기 4는 1 과 같습니다.

③ 9 − 7 = 2

⑤ 3 − 2 = 1
3 빼기 2는 1 과 같습니다.

 ⑦ 7 − 4 = 3

② 4 − 1 = 3

④ 8 − 3 = 5
8에서 3을 빼면 5 입니다.

 ⑥ 6 − 4 = 2

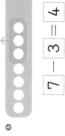

1 주차

비교셈

098

● 그림을 보고 빈칸에 알맞은 수를 써넣으시오.

8−3= 5

8과 3의 차는 5 입니다.

4−2= 2

4와 2의 차는 2 입니다.

2−1= 1

2와 1의 차는 1 입니다.

9−7= 2

9 빼기 7은 2 와 같습니다.

5−3= 2

5 빼기 3은 2 와 같습니다.

7−3= 4

7 빼기 3은 4 와 같습니다.

비교셈은 두 부분의 차를 이로 알아보는 경우입니다. 예를 들어 흰 바둑돌이 8개, 검은 바둑돌이 3개 있다면 흰 바둑돌이 검은 바둑돌보다 5개 더 많다고 대답하는 경우입니다.

● 그림을 보고 알맞은 뺄셈식을 쓰시오.

① 5−2=3

② 7−5=2

③ 6−1=5

③ 8−5=3

⑤ 9−3=6

④ 4−4=0

⑦ 8−2=6

⑥ 7−6=1

099 가르고 빼기

● 의 개수의 차를 구하려고 합니다. □ 안에 알맞은 수를 써넣으시오.

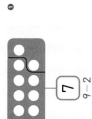

7 − 4 = 3

 4 − 1 = 3

 8 − 2 = 6

9 − 1 = 8

8 − 3 = 5

6 − 5 = 1

7 − 5 = 2

9 − 3 = 6

❖ 차에 맞게 두 부분으로 나누시오. 단, 왼쪽의 개수가 오른쪽보다 더 많습니다.

 7
9−2

 2
6−4

 1
5−4

3
7−4

6
8−2

 5
7−2

 4
7−3

 7
8−1

1
6−5

 8
9−1

 3
6−3

5
8−3

P.12 ● P.13

1 주차

P. 14 ● P. 15

1 주차

다리 잇기

100

● 계산을 한 다음 알맞게 선으로 이으시오.

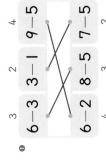

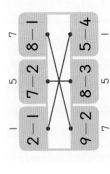

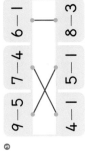

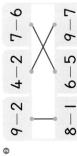

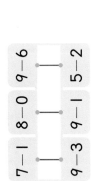

● 계산 결과가 같은 것끼리 선으로 이으시오.

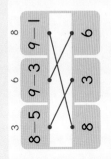

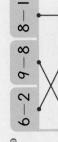
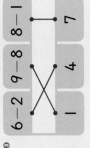

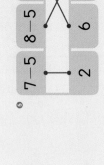

잘 공부했는지 알아봅시다

월 일

1 그림을 보고 □ 안에 알맞은 수를 써넣으시오.

$6 - 2 = 4$

6개에서 2개를 빼면 4입니다.

2 그림을 보고 알맞은 뺄셈식을 쓰시오.

$7 - 4 = 3$

7개와 4개를 비교하여 차를 구하면 3입니다.

3 차이에 맞게 두 부분으로 나누시오. 단, 왼쪽의 개수가 오른쪽보다 더 많습니다.

❶

2 $5-3=2$

❷

6 $9-3=6$

4 관계있는 것끼리 선으로 이으시오.

$3-2=1$ 3−2   6−4 $6-4=2$

$5-3=2$ 5−3   8−7 $8-7=1$

P.16

① 주차

16

② 주차

토너먼트

101

● 짝지은 두 수의 차를 구하여 빈칸에 써넣으시오.

두 수의 차는 큰 수에서 작은 수를 빼면 됩니다.

● 짝지은 두 수의 차를 구하여 아래 빈칸에 써넣으시오.

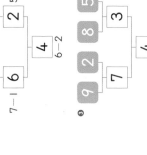
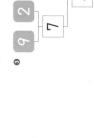

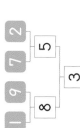
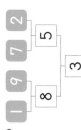

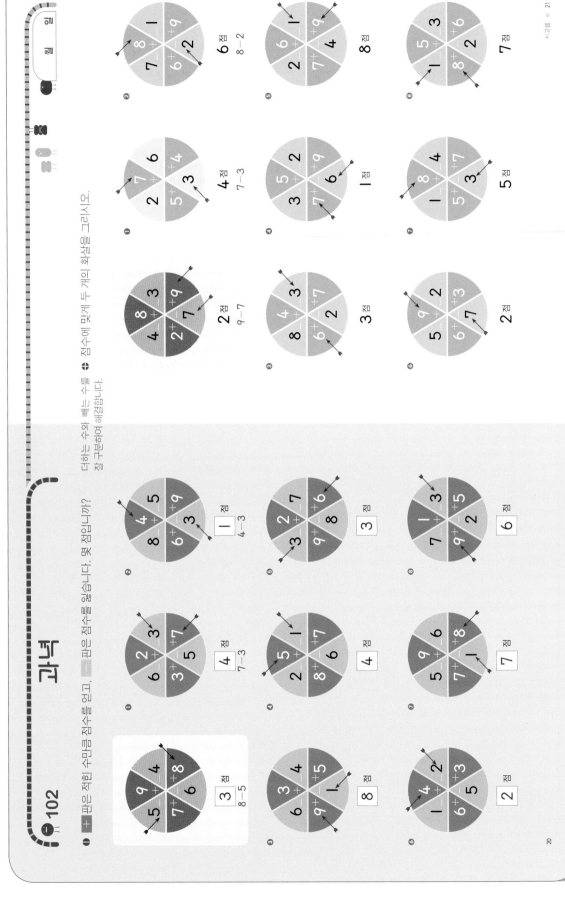

103 원 안의 수

● 안의 수 중 가장 큰 수와 가장 작은 수의 차를 구하시오.

보기: 3 8 2 → $8 - 2 = 6$

① 1 7 4 → $7 - 1 = 6$

② 4 5 9 → $9 - 4 = 5$

③ 1 3 9 → $9 - 1 = 8$

④ 2 7 6 → $7 - 2 = 5$

⑤ 5 8 7 → $8 - 5 = 3$

⑥ 4 5 3 → $5 - 3 = 2$

⑦ 8 9 7 → $9 - 7 = 2$

⑧ 1 6 5 → $6 - 1 = 5$

❶ 가장 큰 수와 가장 작은 수에 ○표 하고, 두 수의 차를 빈칸에 써넣으시오.

보기: ⑧ 3 7 ② → 6 ($8-2$)

① ⑨ 4 ① 5 → 8 ($9-1$)

② ⑦ 6 3 5 → 4 ($7-3$)

③ 6 ④ ⑧ 5 → 4

④ 5 ⑥ ③ → 3

⑤ ② 3 ⑥ 5 → 4

⑥ ⑦ 4 ① 2 → 6

② 6 ⑦ 8 ⑨ 3 → 3

⑧ ⑧ 7 ③ 4 → 5

② 주차

신발끈

104

● 선으로 이어진 두 수의 차가 위의 수가 되도록 ■ 안의 수를 ● 안에 써넣으시오.

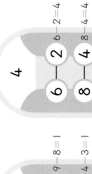

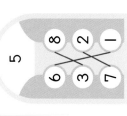

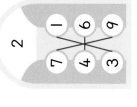

● 두 수의 차가 위의 수가 되도록 선을 이으시오. 한 곳에는 한 개의 선만 긋습니다.

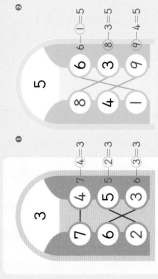

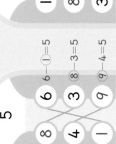

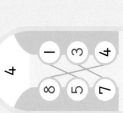

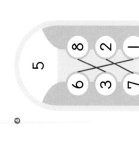

5에서 4를 이으면 3을
이을 수 없으므로 5는
6에 연결해야 합니다.

24

25

사고셈 ● 25

② 주차

잘 공부했는지 알아봅시다

월 일

1 짝지은 두 수의 차를 구하여 그 차를 아래 빈칸에 써넣으시오.

2 7 6 5
5 1
4

2 점수에 맞게 두 개의 화살이 꽂힌 자리에 ×표 하시오.

❶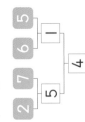

4 점

❷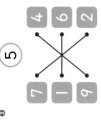

6 점

3 두 수의 차가 ○ 안의 수가 되도록 선을 이으시오. 한 곳에는 한 개의 선만 긋습니다.

❶

③

❷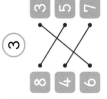

⑤

105 네모셈

● □ 안에 들어갈 수만큼 /로 지우고, 수를 세넣으시오.

❶
$7 - \boxed{2} = 5$

❷
$6 - \boxed{4} = 2$

● □ 안에 들어갈 수만큼 ○를 그리고, 수를 세넣으시오.

❹
$4 - \boxed{3} = 1$

❸
$6 - \boxed{3} = 3$

❺
$9 - \boxed{5} = 4$

❻
$8 - \boxed{1} = 7$

● □ 안에 들어갈 수에 ○표 하고, 수를 세넣으시오.

일 월 일

● □ 안에 수를 넣어
보고 계산해 봅니다.

❷
$5 - \boxed{1} = 4$
③ ② ①
5 - 3 = 2
5 - 2 = 3
5 - ①= 4

❺
$9 - \boxed{2} = 7$
7 5 ⑨

❶
$7 - \boxed{3} = 4$
③ 2 1
7 - 3 = 4
7 - 2 = 5
7 - 1 = 6

❹
$8 - \boxed{3} = 5$
6 ⑧ 4

❸
$8 - \boxed{6} = 2$
5 ⑥ 7
8 - 5 = 3
8 - ⑥ = 2
8 - 7 = 1

$4 - \boxed{2} = 2$
④ 6 3

❼
$\begin{array}{r}\boxed{8}\\-\ 7\\\hline 1\end{array}$
6 9 ⑧

❺
$\begin{array}{r}\boxed{5}\\-\ 3\\\hline 2\end{array}$
⑤ 3 4

❸

5 ⑥ 7

❿
$\begin{array}{r}\boxed{7}\\-\ 2\\\hline 5\end{array}$
5 ② 3

❻
$\begin{array}{r}3\\-\ 3\\\hline 0\end{array}$
③ 8 5

❾

2 8 ⑦

29

사고셈 ● 29

28

③ 주차

치수

106

● 빈칸에 알맞은 수를 써넣으시오.

9 — 4 = 5

① 7 — 1 = 6

② 5 — 3 = 2

③ 6 — 5 = 1

④ 8 — 5 = 3

⑤ 9 — 2 = 7

⑥ 7 — 3 = 4

⑦ 8 — 4 = 4

● 빈칸에 알맞은 수를 써넣으시오.

5 — 4 = 1

① 8 — 6 = 2

② 7 — 2 = 5

③ 6 — 3 = 3

④ 9 — 6 = 3

⑤ 7 — 4 = 3

⑥ 8 — 2 = 6

⑦ 9 — 4 = 5

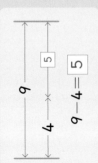

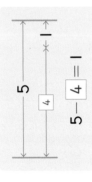
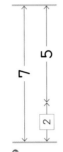
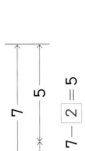
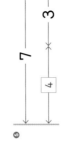
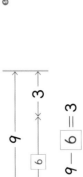
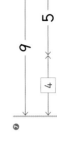

뚜껑표

107

월 일

● 빈칸에 알맞은 수를 써넣으시오.

왼쪽 페이지

● 빈칸에 알맞은 수를 써넣으시오.

7−6 9−6 8−6

7	9	8
1	3	2

❷
6	9	8
1	4	3

❸
5	9	4	7
2	6	1	4

❹
8	5	7
4	1	3

❺
3	8	4	6
1	6	2	4

❻
9	8	7
2	1	0

❼
5	6	7	8
1	2	3	4

❽
7	9	8
1	3	2

❾
4	3	5	9
3	2	4	8

❿
7	4	6	5
4	1	3	2

오른쪽 페이지

● 안의 수부터 구합니다.

❶
5	3	4	9
3	1	2	7

3−2 4−2 9−2
5−2=3이므로
● 안의 수는 2입니다.

❷
6	8	7
1	3	2

8−5=3이므로
● 안의 수는 5입니다.
7−5

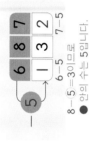

❸
6	7	5	8
2	3	1	4

❹
9	8	7
3	2	1

❺
9	3	2	6
8	2	1	5

❻
9	8	6
6	3	2	0

❼
4	8	7	9
1	5	4	6

❽
5	6	7
4	1	2	3

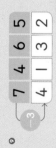

❾
8	5	6	3
6	3	4	1

❿
9	7	6
5	4	2	1

③ 주차

108 뺄셈 수직선

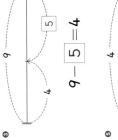

● 빈칸에 알맞은 수를 써넣으시오.

9 − 3 = 6

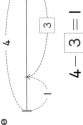 8 − 4 = 4

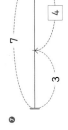 7 − 4 = 3

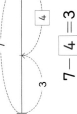 9 − 5 = 4

수직선에서 위의 파란색 화살은 덧셈, 밑의 빨간색 화살은 뺄셈을 나타냅니다. 밑의 검은색 점선은 구간을 나타냅니다.

① 7 − 5 = 2

③ 5 − 3 = 2

⑤ 8 − 3 = 5

⑦ 7 − 3 = 4

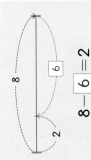
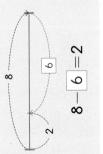
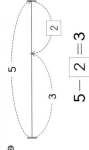
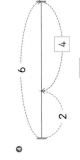
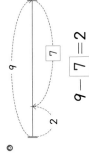

① 6 − 3 = 3

③ 9 − 5 = 4

⑤ 4 − 3 = 1

⑦ 7 − 4 = 3

● 빈칸에 알맞은 수를 써넣으시오.

8 − 6 = 2

② 5 − 2 = 3

④ 6 − 4 = 2

⑥ 9 − 7 = 2

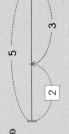

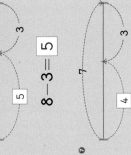

잘 공부했는지 알아봅시다

1 ☐ 안에 들어갈 수에 ○표 하고, 수를 써넣으시오.

❶ 6 − 3 = 3

   4 ③ 2

❷ 9 − 2 = 7

   8 5 ⑨

2 빈칸에 알맞은 수를 써넣으시오.

7 − 5 = 2

3 빈칸에 알맞은 수를 써넣으시오.

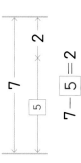

8	3	5	7
6	1	3	5

4 빈칸에 알맞은 수를 써넣으시오.

❶ 9 − 6 = 3

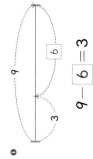

❷ 6 − 2 = 4

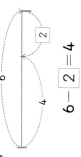

4 주차

페어식

109

□ 안에 알맞은 수를 넣어 뺄셈식을 완성하시오.

2 5 7
7 − 2 = 5
7 − 5 = 2

① **6 9 3**
9 − 3 = 6
9 − 6 = 3

② **1 7 8**
8 − 1 = 7
8 − 7 = 1

③ **4 6 2**
6 − 2 = 4
6 − 4 = 2

④ **5 4 1**
5 − 1 = 4
5 − 4 = 1

⑤ **3 4 7**
7 − 3 = 4
7 − 4 = 3

⑥ **9 2 7**
9 − 2 = 7
9 − 7 = 2

⑦ **8 5 3**
8 − 3 = 5
8 − 5 = 3

안의 수 중 세 개를 골라 뺄셈식 2개를 만드시오.

3 6 2 5
5 − 2 = 3
5 − 3 = 2

① **4 8 1 7**
8 − 1 = 7
8 − 7 = 1

② **1 3 6 5**
6 − 1 = 5
6 − 5 = 1

③ **2 3 4 7**
7 − 3 = 4
7 − 4 = 3

④ **9 2 8 7**
9 − 2 = 7
9 − 7 = 2

⑤ **1 6 4 3**
4 − 1 = 3
4 − 3 = 1

⑥ **3 8 5 7**
8 − 3 = 5
8 − 5 = 3

⑦ **6 4 3 9**
9 − 3 = 6
9 − 6 = 3

빼셈표

110

● 가로, 세로로 빼서 빈칸에 알맞은 수를 써넣으시오.

빼셈표는 세로줄의 수에서 가로줄의 수를 빼서 만든 표입니다.

빼셈표의 빈칸에 알맞은 수를 써넣으시오.

먼저 가로줄 또는 세로줄에 있는 수를 구합니다.

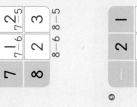

사고셈 | 정답 및 해설

④ 4주차

상자수

● 상자 안의 두 수를 뽑아 차를 구할 때, 차가 되는 수에 ○표 하시오.

● 111

9 - 2 5 - 2 9 - 5

6 - 3   7 - 6 7 - 3

● 상자 안의 두 수를 뽑아 10차를 구할 때, 차가 되는 수를 모두 쓰시오.

  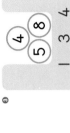 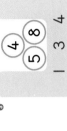  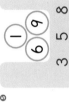  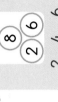

  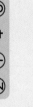  

2 - 1 8 - 2 8 - 1

식 완성

112

● 세 수를 찾아 뺄셈식을 완성하시오.

②
3 [7 − 2 = 5] 4

④
[5 − 4 = 1] 2 6

⑥
5
9 [6 − 2 = 4]

⑤
[4 − 1 = 3] 7 5

⑧
3 8 [9 − 7 = 2]

⑩
[8 − 5 = 3] 1 6

①
4 6 [8 − 6 = 2]

③
7 [6 − 3 = 3] 1

⑦
8
5 [7 − 6 = 1]
2 [9 − 5 = 4] 3

⑨
2 1 [7 − 4 = 3]

⑪
[9 − 8 = 1] 6 2

● 세 수를 찾아 뺄셈식 세 개를 완성하시오.

★ (shaded box)
[6 − 3 = 3] 4
7 [4] 5
8 [1 = 3]
[4 = 4] 2 3 7

①
4 [9 − 3 = 6]
4 7 2 8
[8 − 1 = 7] 2
9 5 1 6

②
5 1 2 [9]
[7 − 4 = 3] [4]
6 8 9 [9 = 5]
[3 − 1 = 2] 8

③
[5] 9 3 8
[6] [1 = 3]
[3 = 2] [5]
7 [6 − 4 = 2]

④
[8 − 3 = 5] 4
[9 − 1 = 8] [2]
2 6 4 [1 = 1]
8 3 6

⑤
[7 − 2 = 5] 6
[9] 8 4 3
[7] [4 − 2 = 2]
[2] 1 5 8

4주차

잘 공부했는지 알아봅시다

월 일

1 안의 수 중 세 개를 골라 올바른 뺄셈식 두 개를 만드시오.

2 8 7 5

[7] − [2] = [5]

[7] − [5] = [2]

2 뺄셈표의 빈칸에 알맞은 수를 써넣으시오.

−	3	5
5	2	0
9	6	4

−	4	3
6	2	3
8	4	5

뺄셈표는 세로줄의 수에서 가로줄의 수를 뺴서 만드는 표입니다.

3 상자 안의 두 수를 뽑아 차를 구할 때, 차가 되는 수를 모두 쓰시오.

1 3 4

46

113 더하고 더하기

● 그림을 보고 □ 안에 알맞은 수를 써넣으시오.

$3+2+3=8$

① $2+3+2=7$

② $5+2+2=9$

③ $1+2+1=4$

④ $1+4+2=7$

⑤ $1+4+3=8$

⑥ $4+1+3=8$

⑦ $3+3+3=9$

세 수의 덧셈은 앞의 두 수를 더하고 계산 결과에 나머지 수를 더합니다.

①
$2+1+2=5$

② $4+3+2=9$

③ $5+2+2=9$

④ $3+2+1=6$

⑤ $4+1+3=8$

⑥ $1+4+3=8$

5주차

114 세 수 수직선

□ 안에 알맞은 수를 세넣으시오.

2+2+4=8

① 1+2+3=6

② 2+4+3=9

③ 3+3+1=7

④ 1+2+1=4

⑤ 5+1+2=8

⑥ 2+4+1=7

⑦ 7+1+1=9

● 수직선을 보고 빈칸에 알맞은 수를 세넣으시오.

2+3+2=7

① 1+4+3=8

② 2+2+1=5

③ 1+5+3=9

④ 1+1+4=6

⑤ 3+2+3=8

⑥ 4+3+2=9

⑦ 1+5+1=7

● 미로를 통과하면서 세 칸 안의 수가 합이 □ 안의 수가 되도록 선을 그으세요.
3개의 방을 통과해야 합니다.

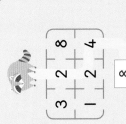

① 3+5+1 = 9

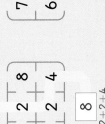

2+3+2 = 7

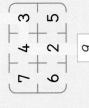

② 4+1+1 = 6

⑤ 9

④ 7

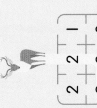

③ 8

일 월

115

길 통과 셈

● 미로를 통과하면서 세 칸의 수의 합을 구하세요.

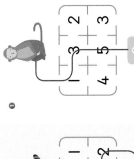

① 3+1+5 = 9

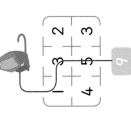

② 3+4+2 = 9

① 2+2+4 = 8

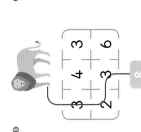

③ 7

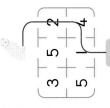

④ 6

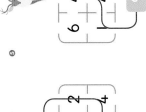

⑤ 7

⑤ 주차

116 사다리 타기

● 빈칸에 알맞은 수를 써넣으시오.

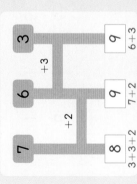
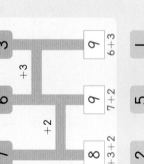

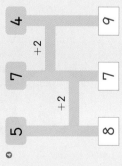

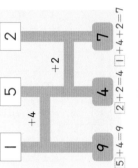
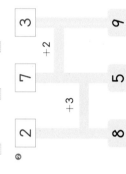

● 빈칸에 알맞은 수를 써넣으시오.

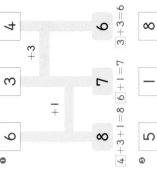
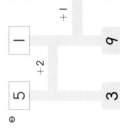

잘 공부했는지 알아봅시다

1 빈칸에 알맞은 수를 써넣으시오.

❶ [3] +1→ [4] +4→ [8]

3+1+4=[8]

❷ [6] +2→ [8] +1→ [9]

6+2+1=[9]

2 수직선을 보고 빈칸에 알맞은 수를 써넣으시오.

❶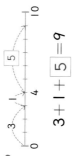

2+[3]+2=7

❷

3+1+[5]=9

3 미로를 통과하면서 만나는 세 수의 합이 [ ] 안의 수가 되도록 선을 그으시오.

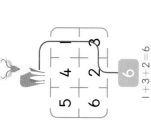

1+3+2=6

P.56

5 주차

56

❻ 주차

117 애드벌룬

● ◯ 안의 수가 합이 되는 세 수를 찾고 아닌 수에 ×표 하시오.

1+6+2=9

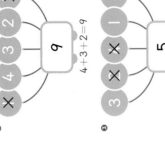

1+4+3=8

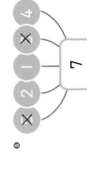

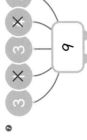

✚ ◯ 안의 수가 합이 되는 세 수를 찾고, 아닌 수 두 개에 ×표 하시오.

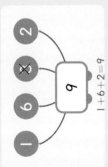

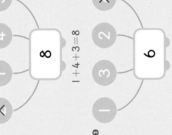

2+1+4=7

4+3+2=9

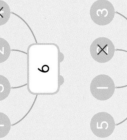

세 화살

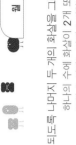

● 118

● 화살이 꽂힌 세 수의 합이 가운데 수가 되도록 나머지 한 개의 화살을 그리시오.

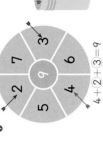

5+2+1=8

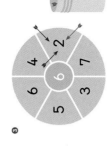

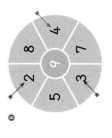

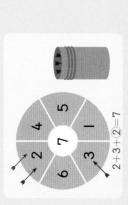

2+3+2=7

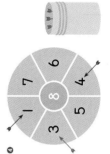

60

● 화살이 꽂힌 세 수의 합이 가운데 수가 되도록 나머지 두 개의 화살을 그리시오. 하나의 수에 화살이 2개 또는 3개가 꽂힐 수 있다는 것에 주의합니다.

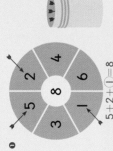 

4+2+3=9

3+3+2=8

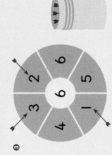 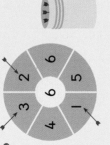  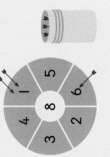

6 주차

119 울타리

● 나누어진 세 수의 합이 같도록 빈칸에 알맞은 수를 써넣으시오.

● 세 수의 합이 같도록 두 부분으로 나누시오.

일 월

한 줄에 놓인 세 수의 합이 ● 안의 수가 되도록 ○로 묶으세요.

9

2	1	1
2	5	3
4	2	3

4+2+3=9

7

5	1	1
4	2	2
2	2	3

1+5+1=7

6

3	3	2
5	5	1
3	1	5

1+3+2=6

5

3	3	3
2	1	4
4	2	3

8

1	3	3
2	4	4
2	3	2

6

2	3	2
3	3	2
2	4	2

8

3	1	1
5	4	1
2	1	6

7

3	2	1
3	4	2
2	2	5

9

2	1	2
2	6	3
1	3	5

수 묶기

P.64 ● P.65

120

이웃한 세 수의 합이 ● 안의 수가 되도록 ○로 묶으세요.

8 3 2 6 1
6+1+1=8

5 2 6 2 2 1
2+2+1=5

7 3 4 1 2 5

6 2 3 1 5 4

9 6 2 1 7 4

8 1 3 2 3 6

5 2 1 3 1 2

7 3 1 3 2 1

6 4 2 1 1 4

4 2 3 2 1

8 1 7 2 1 5

9 5 2 2 3 6

64

⑥ 주차

잘 공부했는지 알아봅시다

월 일

1 ○ 안의 수가 합이 되는 세 수를 찾고, 아닌 수를 두 개에 ×표 하시오.

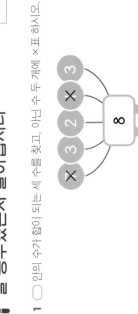

2 세 수의 합이 같도록 두 부분으로 나누시오.

❶

5	2	2
1	7	1

$5+2+2=9$

$1+7+1=9$

❷

3	5	1
1	3	1

$3+1+3=7$

$1+5+1=7$

3 한 줄에 놓인 세 수의 합이 ● 안의 수가 되도록 ○로 묶으시오.

❶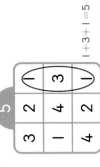

2	4	7
6	5	3
3	1	4

$3+1+4=8$

❷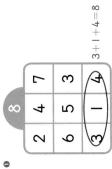

3	2	1
1	4	3
4	2	1

$1+3+1=5$

66

월 일

빼셈이 2번 있는 세 수 ➡ 빈칸에 알맞은 수를 써넣으시오.

의 계산은 먼저 앞의 두
수의 차를 구한 다음 그
계산 결과에서 나머지
수를 뺍니다.

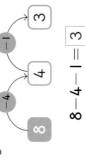

① $8 - 4 - 1 = 3$

③ $6 - 1 - 4 = 1$

⑤ $9 - 2 - 2 = 5$

$9 - 3 - 2 = 4$

② $7 - 2 - 3 = 2$

④ $8 - 5 - 1 = 2$

사고셈 ● 69

---

7 주차

121 빼고 빼기

● 그림을 보고 □ 안에 알맞은 수를 써넣으시오.

$8 - 3 - 2 = 3$

① $5 - 3 - 1 = 1$

③ $8 - 2 - 2 = 4$

⑤ $6 - 3 - 2 = 1$

⑦ $9 - 3 - 4 = 2$

② $9 - 4 - 1 = 4$

④ $4 - 1 - 1 = 2$

⑥ $7 - 2 - 1 = 4$

68

계단셈

122

● 빈칸에 알맞은 수를 써넣으시오.

① 5 $\xrightarrow{-1}$ 4 3   5-1=4 4-1=3

5 $\xrightarrow{-1}$ 4 $\xrightarrow{-1}$ 3

② 8 $\xrightarrow{-1}$ 7 3   8-1=7 7-4=3

8 $\xrightarrow{-1}$ 7 $\xrightarrow{-4}$ 3

③ 6 $\xrightarrow{-4}$ 2 1

6 $\xrightarrow{-4}$ 2 $\xrightarrow{-1}$ 1

④ 7 $\xrightarrow{-2}$ 5 2

7 $\xrightarrow{-2}$ 5 $\xrightarrow{-3}$ 2

⑤ 8 $\xrightarrow{-4}$ 4 3

8 $\xrightarrow{-4}$ 4 $\xrightarrow{-1}$ 3

⑥ 9 $\xrightarrow{-2}$ 7 2

9 $\xrightarrow{-2}$ 7 $\xrightarrow{-5}$ 2

70

● 빈칸에 알맞은 수를 써넣으시오.

① 6 $\xrightarrow{-2}$ 4 $\xrightarrow{-3}$ 1   ① 4-3=1 ② 6-2=4

6 $\xrightarrow{-2}$ 4 $\xrightarrow{-3}$ 1

② 8 $\xrightarrow{-2}$ 6 $\xrightarrow{-4}$ 2   ① 6-4=2 ② 8-2=6

8 $\xrightarrow{-2}$ 6 $\xrightarrow{-4}$ 2

③ 5 $\xrightarrow{-2}$ 3 $\xrightarrow{-2}$ 1

5 $\xrightarrow{-2}$ 3 $\xrightarrow{-2}$ 1

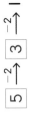 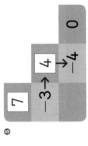

④ 9 $\xrightarrow{-3}$ 6 $\xrightarrow{-2}$ 4

9 $\xrightarrow{-3}$ 6 $\xrightarrow{-2}$ 4

⑤ 7 $\xrightarrow{-3}$ 4 $\xrightarrow{-4}$ 0

7 $\xrightarrow{-3}$ 4 $\xrightarrow{-4}$ 0

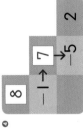

⑥ 8 $\xrightarrow{-1}$ 7 $\xrightarrow{-5}$ 2

8 $\xrightarrow{-1}$ 7 $\xrightarrow{-5}$ 2

123 식 완성

◆ ◯ 안의 수 중에서 한 개의 수를 사용하여 식을 완성하시오.

◻ 안의 수를 직접 넣어 계산해 봅니다.

(예) 〈3〉 〈5〉 〈2〉

8 − [3] − 3 = 2
8 − 3 − 3 = 2
8 − 5 − 2 = 1
8 − 2 − 2 = 4

① 〈8〉 〈2〉 〈7〉

7 − [2] − 1 = 4
8 − 2 − 1 = 5
6 − 2 − 1 = 3
7 − 2 − 1 = 4

② 〈7〉 〈9〉 〈6〉

9 − [4] − 2 = 3

③ 〈1〉 〈3〉 〈2〉

6 − [1] − 3 = 2

④ 〈5〉 〈3〉 〈4〉

7 − [4] − 2 = 1

⑤ 〈1〉 〈5〉 〈6〉

5 − [1] − 1 = 3

⑥ 〈9〉 〈8〉 〈7〉

8 − [1] − 5 = 2

⑦ 〈3〉 〈4〉 〈2〉

9 − [3] − 2 = 4

◆ ◯ 안의 수 중에서 두 개의 수를 사용하여 식을 완성하시오.

① 〈1〉 〈5〉 〈6〉

6 − [4] − [1] = 1

② 〈9〉 〈4〉 〈3〉

9 − 2 − [4] = 3

③ 〈8〉 〈1〉 〈7〉

8 − [1] − 3 = 4

④ 〈3〉 〈2〉 〈5〉

5 − [2] − 2 = 1

⑤ 〈4〉 〈7〉 〈3〉

7 − 2 − [3] = 2

⑥ 〈2〉 〈3〉 〈6〉

6 − [1] − 2 = 3

⑦ 〈4〉 〈9〉 〈8〉

9 − [4] − 3 = 2

⑧ 〈3〉 〈8〉 〈9〉

8 − [3] − 4 = 1

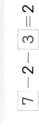

7 주차

자동차 길

124

길을 따라 계산하여 빈칸에 알맞은 수를 써넣으시오.

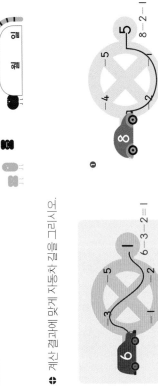

$7-1-3=3$

$9-4-3=2$

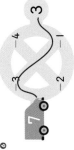

● 계산 결과에 맞게 자동차 길을 그리시오.

$6-3-2=1$

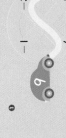

$8-2-1=5$

잘 공부했는지 알아봅시다

월 일

1 빈칸에 알맞은 수를 써넣으시오.

❶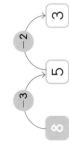

8 − 3 − 2 = 3

❷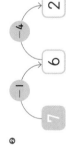

7 − 1 − 4 = 2

2 빈칸에 알맞은 수를 써넣으시오.

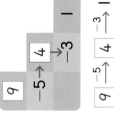

$9 \xrightarrow{-5} 4 \xrightarrow{-3} 1$

3 ☆ 안의 수 중에서 두 수를 사용하여 식을 완성하시오.

❶

7 − 3 − 2 = 2

❷

8 − 4 − 1 = 3

7 주차

⑧ 주차

125 더하고 빼기

● 더한 수만큼 ○을 그리고, 빼는 수만큼 /로 지워 계산을 하시오.

① $3+4-2= 5$

② $2+5-1= 6$

③ $5+3-4= 4$

④ $7+2-6= 3$

⑤ $7-5+2= 4$

⑥ $3-2+4= 5$

⑦ $8-3+1= 6$

⑧ $5-4+3= 4$

앞의 두 수를 먼저 계산 ● 빈칸에 알맞은 수를 써넣으시오.
한 다음 그 계산 결과에
나머지 수를 계산합니다.

① $6-2+5= 9$

$4+4-3= 5$

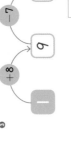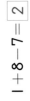

③ $1+8-7= 2$

② $9-6+4= 7$

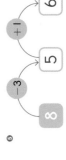

⑤ $8-3+1= 6$

④ $7+1-5= 3$

126 혼합식 완성

● 안의 수 중 한 개의 수를 사용하여 식을 완성하시오.

□ 안의 수를 직접 넣어 계산해 봅니다.

[예] ◆ 2 4 3

$5 + \boxed{3} - 2 = 6$

$5 + 2 - 2 = 5$
$5 + \boxed{3} - 2 = 6$
$5 + 4 - 2 = 7$

① ◆ 1 5 6

$6 - \boxed{5} + 3 = 4$

$6 - 1 + 3 = 8$
$6 - \boxed{5} + 3 = 4$
$6 - 6 + 3 = 3$

② ◆ 7 8 6

$8 - \boxed{7} + 5 = 6$

③ ◆ 5 6 4

$2 + \boxed{4} - 1 = 5$

④ ◆ 3 2 1

$3 + \boxed{2} - 2 = 3$

⑤ ◆ 6 2 3

$7 - \boxed{3} + 4 = 8$

⑥ ◆ 5 6 4

$9 - \boxed{5} + 3 = 7$

⑦ ◆ 3 1 2

$4 + \boxed{1} - 2 = 3$

◆ ◇ 안의 수 중에서 두 수를 사용하여 식을 완성하시오.

① ◇ 6 3 1

$6 + \boxed{1} - \boxed{1} = 6$

② ◇ 1 6 4

$8 - \boxed{4} + \boxed{1} = 5$

③ ◇ 6 4 7

$7 - 6 + \boxed{7} = 8$

④ ◇ 5 3 4

$\boxed{4} + 2 - \boxed{3} = 3$
또는 5 / 4

⑤ ◇ 5 1 7

$\boxed{1} + 6 - \boxed{5} = 2$

⑥ ◇ 2 5 7

$9 - \boxed{5} + \boxed{2} = 6$

⑦ ◇ 3 4 1

$6 - \boxed{1} + \boxed{4} = 9$

⑧ ◇ 2 1 4

$2 + \boxed{7} - \boxed{4} = 5$

⑧ 주차

양과녁셈

● 127

왼쪽 과녁판의 점수는 더하고, 오른쪽 과녁판의 점수는 뺍니다. 몇 점입니까?

더하는 수와 빼는 수를 잘 구분하여 해결합니다.

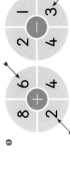

7 점
$6+3-2$

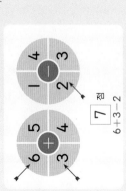

● 1 점
$7-2-4$

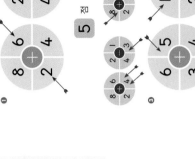

③ 6 점

② 5 점

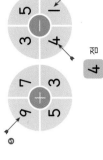

⑤ 4 점

④ 2 점

❸ 점수에 맞게 과녁판에 화살을 세 개 그리시오.

② 2 점
$7-1-4$
$7-4-1$

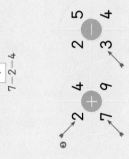

① 1 점

④ 3 점

● 5 점

③ 8 점

⑤ 4 점

여러 가지 답이 있습니다.
개선하여 답을 확인합니다.

128 연산자

● 계산에 맞게 + 또는 −에 ○표 하시오.

[보기] 7 (+) 2 (−) 3 = 6
7+2−3=6

① 3 (+) 4 (+) 1 = 8
3+4+1=8

② 8 (−) 5 (+) 2 = 5

③ 6 (+) 1 (−) 6 = 1

④ 9 (−) 3 (−) 4 = 2

⑤ 5 (−) 2 (+) 5 = 8

⑥ 2 (+) 6 (−) 3 = 5

⑦ 7 (−) 1 (−) 3 = 3

⑧ 4 (+) 2 (+) 1 = 7

⑨ 9 (−) 7 (+) 4 = 6

월 일

● 계산에 맞게 ○ 안에 + 또는 −를 써넣으시오.

4+4 (−) 3 = 5

① 5 (+) 1+2 = 8

② 6+3 (−) 5 = 4

③ 2 (−) 1+6 = 7

④ 7−2 (+) 4 = 9

⑤ 3 (+) 3+2 = 8

⑥ 3 (+) 5 (−) 2 = 6

⑦ 4 (+) 2 (+) 1 = 7

⑧ 8 (−) 6 (+) 3 = 5

⑨ 9 (−) 5 (−) 1 = 3

⑩ 7 (+) 1 (−) 4 = 4

⑪ 6 (−) 4 (+) 6 = 8

⑧ 주차

잘 공부했는지 알아봅시다

| 월   일 |

1 빈칸에 알맞은 수를 써넣으시오.

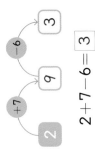

2 → +7 → 9 → −6 → 3

$$2+7-6=3$$

2 ◇ 안의 수 중에서 두 수를 사용하여 식을 완성하시오.

❶ ◇ 7 5 8

$$8-7+8=9$$

❷ ◇ 5 3 6

$$3+4-5=2$$

3 점수에 맞게 과녁판에 세 개의 화살을 그리시오.

$+$ 2 6 / 7 3

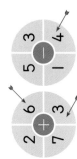

$-$ 5 3 / 1 4

5 점

이외에도 여러 가지 답이 있습니다.

배운 개념을 끊임없이 되짚어주니까
새로운 개념도 쉽게 이해됩니다

수학 개념이 쉽고 빠르게 소화되는 특별한 학습법

· 배운 개념과 배울 개념을 연결하여 소화가 쉬워지는 학습
· 문제의 핵심 용어를 짚어주어 소화가 빨라지는 학습
· 개념북에서 익히고 워크북에서 1:1로 확인하여 완벽하게 소화하는 학습

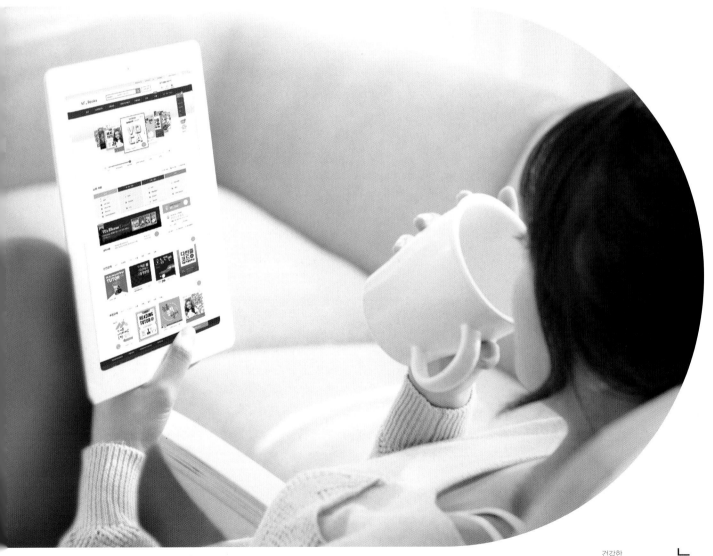